DAN KIERAN

SLOW TRAVEL

DIE KUNST DES REISENS

AUS DEM ENGLISCHEN VON
YAMIN VON RAUCH

WILHELM HEYNE VERLAG
MÜNCHEN

Die Originalausgabe erschien 2012 unter dem Titel
THE IDLE TRAVELLER. THE ART OF SLOW TRAVEL
bei AA Publishing, Großbritannien

Verlagsgruppe Random House FSC® N001967
Das für dieses Buch verwendete FSC®-zertifizierte Papier
Holmen Book Cream liefert Homen Paper, Hallstavik, Schweden

2. Auflage
Taschenbucherstausgabe 11/2014
Copyright © 2012 by Dan Kieran
Copyright © 2013 der deutschen Ausgabe by Rogner
& Bernhard GmbH & Co. Verlags KG, Berlin
Copyright © 2014 dieser Ausgabe by Wilhelm Heyne Verlag in
der Verlagsgruppe Random House GmbH
Printed in Germany 2014
Redaktion: Katharina Themel/Büro Z
Umschlaggestaltung: Nele Schütz Design, München,
unter Verwendung von shutterstock/Vector pro
Druck und Bindung: GGP Media GmbH, Pößneck
ISBN 978-3-453-41797-7

www.heyne.de

»Der wahre Reisende hat keinen festgelegten Weg,
noch will er an ein Ziel.«
Tao-Tê-King von Lao-tse

Inhalt

Vorwort	9
Einleitung von Tom Hodgkinson	11
Kapitel 1 – Reise nicht nur, um anzukommen	21
Kapitel 2 – Bleib zu Hause	50
Kapitel 3 – Sei dein eigener Reiseführer	79
Kapitel 4 – Heiße Katastrophen willkommen	111
Kapitel 5 – Folge deinem Instinkt	140
Kapitel 6 – Verliere den Kopf	167
Kapitel 7 – Sei abenteuerlustig	195
Epilog	214
Literatur	215
Dank	219
Register	221

Vorwort

Dieses Buch ist meinen beiden Kindern, Olive und Wilf, gewidmet. Während ich es schreibe, ist Olive 18 Monate alt, und sie nimmt mich gerne und so oft es geht auf einen Spaziergang mit. Sie lässt sich von mir die Schuhe zumachen, zieht sich ihren Mantel an, dann geht sie zur Haustür und klopft mit dem Finger daran. »Dür«, wiederholt sie dabei immer wieder, bis wir uns aufmachen, Hand in Hand, um die Welt zu erforschen. Manchmal bleiben wir wenige Meter von der Haustür entfernt stehen und spielen mit dem Moos, das an der Wand wächst. Dann wieder macht sie sich los und läuft quieksend die Straße hinunter. Einmal sind wir 15-mal die Rolltreppen in unserem örtlichen Einkaufscenter hinauf- und hinuntergefahren. Ich lasse sie immer die Richtung bestimmen. Eine halbe Stunde lang hat sie das Sagen.

Mit einem Kleinkind spazieren zu gehen hat etwas an sich, das mich zugleich verblüfft und inspiriert. Ausnahmsweise hat man keine Ahnung, wohin man geht. Das kann ziemlich lästig sein, weil es so umständlich ist, doch man lernt schnell, sich zu entspannen und dieser Erfahrung etwas Sinnvolles abzugewinnen. Man muss nichts erledigen. Das Ganze ist vollkommen zweckfrei, aber sobald man die typische Ungeduld überwunden hat, die einen überkommt, wenn man gezwungen ist, die Hektik des Alltags hinter sich zu lassen, erkennt man Dinge über sich selbst, von denen man nicht einmal wusste, dass man sie längst herausfinden wollte.

Der müßige Reisende ähnelt einem solchen Kleinkind – er schlendert hinaus in die Welt und lässt sich dabei von seiner Neugier treiben, er sucht nach Erkenntnis und folgt unterwegs jenen Impulsen, die seine Abenteuerlust wecken.

Dan Kieran

Einleitung
von Tom Hodgkinson

Müßiggang und Reisen scheinen auf den ersten Blick nicht unbedingt zusammenzugehören. Der Müßiggänger ist von Natur aus ein häuslicher Typ, der gerne vor dem Kamin herumlungert und es vermutlich bevorzugt, die Länder der Antike mittels Landkarten und Büchern zu erkunden, anstatt die Mühe auf sich zu nehmen, tatsächlich auf Reisen zu gehen. Wie Pascal so klug bemerkte, geht »alles Unheil dieser Welt davon aus, dass die Menschen nicht still in ihrer Kammer sitzen können«. Sobald man das Haus verlässt, fängt der Ärger an. Das englische Wort *travel* geht angeblich auf einen Begriff zurück, der ein »dreizinkiges Folterinstrument« bezeichnete.

Und dennoch ... Trotz der offenkundigen Unannehmlichkeiten des Reisens kann der Müßiggänger dazu bewegt werden, sein Zimmer zu verlassen. Der Müßiggänger ist auch ein Wanderer, ein Herumstreuner, ein Beobachter des Lebens, und einige der berühmtesten Müßiggänger waren ebenfalls große Reisende und Reiseschriftsteller. Ich denke dabei an den von Natur aus trägen Dr. Johnson, der jeden Tag bis mittags im Bett zu liegen pflegte und dennoch in Begleitung des jungen Boswell eine beherzte und gelegentlich beschwerliche Reise in die schottischen Highlands unternahm. Ein weiteres Beispiel wäre Robert Louis Stevenson, der in einem Essay, den er mit 26 Jahren verfasste, den Müßiggang in wunderbaren Worten pries und trotzdem ein Reisender war. Sein Buch *Reise mit dem Esel durch die Cévennen* ist ein Meisterwerk, und er hat vermutlich Paul Theroux, einen der größten Reiseschriftsteller unserer Tage, maßgeblich beeinflusst.

Reisen und Müßiggang sind also enger miteinander verbunden, als man meinen würde. Vielleicht wäre es zutreffender, wenn man sagen würde, dass der Müßiggänger eine Abneigung gegen jene Handelsware hat, die heutzutage als Reisen verkauft wird, nämlich den Urlaub. Nicht dass wir den Tourismus *per se* kritisieren wollen – schließlich ist es angenehm, ziellos durch eine italienische Stadt zu schlendern oder an einem heißen Strand am Meer zu liegen. Doch ein solcher »Holiday in the Sun« hat vielleicht auch etwas Unbefriedigendes an sich, wie die Sex Pistols vor Urzeiten zu bedenken gaben. Er ist ein Trugbild, und ein kostspieliges noch dazu. Er ist eine mickrige Belohnung, ein Trostpreis für jene, die in einem langweiligen Job feststecken.

Dasselbe ließe sich von dem überstrapazierten Wort »Erlebnis« behaupten. Anstatt uns dem komplizierten Projekt zu widmen, gut zu leben, neigen wir dazu, uns für ein Dasein in Arbeit und Langeweile zu entscheiden, das von hyperdynamischen »Erlebnissen« unterbrochen wird, die wir von einer Liste abhaken können. Wir kennen alle diese Listen der »hundert Dinge, die man im Leben getan haben sollte« aus den Männermagazinen. Einen Ferrari fahren, zum Pferderennen in Ascot gehen, bei der Rallye Paris–Dakar mitmachen, am Cannabis Cup in Amsterdam teilnehmen und so weiter *ad nauseam*. Leider ist Dave Freeman, der dieses Konzept erfunden hat, bereits mit siebenundvierzig gestorben.

Ich begegnete Dan Kieran zum ersten Mal, als er in das Büro des *Idler Magazine* stolperte, das sich damals im Londoner Stadtteil Camden befand. Wir gaben dem munteren Burschen etwas zu tun, und er kam immer wieder, um auszuhelfen. Mit der Zeit wurde er zu einem Teil des *Idler*, und schließlich war er viele Jahre lang stellvertretender Chefredakteur. Im Büro hatten wir immer viel Spaß und führten jede Menge philosophische Diskussionen; ich bilde mir gern ein, dass Dans Jahre beim *Idler* dazu beigetragen haben, die philosophische Haltung zu prägen, aus der heraus dieses Buch entstanden ist.

Dan macht in diesem Buch den Versuch, eine spezielle Philosophie des Reisens zu entwerfen, in der das Reisen zu einem Teil eines persönlichen therapeutischen Prozesses wird, anstatt nur eine Flucht zu sein. Demnach wäre die Behauptung zutreffend, dass das müßige Reisen weder bequem noch einfach ist. Dan empört sich nämlich besonders über die seelische Abstumpfung, die durch schicke Hotels verursacht wird. Und es handelt sich dabei auch nicht notwendigerweise darum, langsam zu reisen, da die tatsächliche Geschwindigkeit einer Bewegung relativ ist. Einem florentinischen Apotheker aus dem Jahr 1450 wäre eine Zugfahrt unvorstellbar schnell erschienen. Das müßige Reisen hat nichts mit »Spaß« im modernen Sinne zu tun, was nichts anderes heißt, als dass wir unseren Alltagssorgen vorübergehend entfliehen. Nein, es hat mehr mit der Einstellung zu tun. Vielleicht wäre »intensives« Reisen ein passenderes Synonym.

Da nun aber eine leichte Anstrengung durchaus akzeptabel ist, um dem Müßiggang etwas Würze zu verleihen, versüßt eine schwierige Reise das Vergnügen des Ankommens nur umso mehr. Ich glaube, der Hang zur Bequemlichkeit muss mit der stoischen Einsicht einhergehen, dass die Straße nicht immer eben sein wird. Ich kann mich an eine wirklich anstrengende und einsame Reise von Norddeutschland bis zu einer griechischen Insel erinnern, die ich unternahm, als ich Anfang zwanzig war. Als der größte Teil der Strecke bereits hinter mir lag, saß ich in einem kleinen Hafen fest und hatte keine Ahnung, wie ich mein Ziel erreichen sollte. Ich fragte herum, doch alle schüttelten nur die Köpfe. Ich gab auf. Ich setzte mich auf meine Tasche und schlug die Hände vors Gesicht. In diesem Moment kam ein kleiner Junge auf mich zu: »Mister, Mister, der Bus nach Lefkas fährt in 20 Minuten ab.« Ich stieg in den Bus und erreichte mein Ziel, ein Strandcafé namens »Paradise«. Der Wirt brachte mir ein Bier. Ich setzte mich hin, blickte aufs Wasser hinaus, und eine unbeschreibliche Freude überkam mich. Müßiggang ist immer süß, und erst recht, wenn er wohlverdient ist.

Die wohl höchste Form des müßigen Reisens ist eine Wanderung, die man alleine unternimmt. Hier lässt sich wahre Freiheit zu einem niedrigen Preis erfahren, und man kann sich einem in Vergessenheit geratenen Zeitvertreib widmen: dem Nachdenken. Heutzutage ist das Reisen meist ausdrücklich darauf ausgelegt, jegliches Denken zu vermeiden. Flughäfen sind stiller Reflexion nicht zuträglich. Ihre erschreckend nichtssagende Architektur bietet stattdessen unzählige Ablenkungen in Form von Bildschirmen, Shops und Ansagen. Man kann sich nie wirklich entspannen oder den Moment genießen. Das Wandern jedoch bringt einen wieder in Kontakt mit dem eigenen Ich. In William Hazlitts wunderbarem Essay »On Going on a Journey« finden sich die folgenden Zeilen:

> Gebt mir klaren blauen Himmel über meinem Kopf und grünes Gras unter meinen Füßen, eine gewundene Straße, die sich vor mir ausstreckt, und einen dreistündigen Marsch vor dem Abendessen – und dann geht's ans Denken! Es fällt nicht schwer, auf dieser einsamen

Heide ein Spiel zu beginnen. Ich lache, ich laufe, ich springe, ich singe vor Freude.

Wandern ist Freiheit – und man muss dazu nicht unbedingt aufs Land fahren. Auch unsere großen Städte eignen sich wunderbar dafür. Wenn ich in London bin, unternehme ich ziemlich oft einen einstündigen Spaziergang von Bayswater nach Pimlico und schlendere entlang des Serpentine Lake durch den Hyde Park und dann über den Sloane Square. Welch vielfältige Anblicke bieten sich mir dar, und wie viel Denken kann ich dabei erledigen! Und während ich wandere, sehe ich mich gerne als *flâneur*, jene Spezies des umherstreifenden Poeten, der im Schneckentempo durch das Paris des 19. Jahrhunderts zu schlendern pflegte. Walter Benjamin behauptete, die *flâneurs* hätten gern eine Schildkröte auf ihre Spaziergänge mitgenommen, weil diese behäbige Kreatur ihnen das richtige Tempo vorgab.

Robert Louis Stevenson fand, man sollte am besten alleine unterwegs sein:

> Um sie tatsächlich genießen zu können, sollte man alleine auf eine Wanderung gehen. Geht man mit anderen oder auch zu zweit, ist es nur noch dem Namen nach eine Wanderung; es ist eigentlich etwas anderes und ähnelt mehr einem Picknick.

Ein Picknick ist ja auch keine schlechte Sache, aber wir verstehen, was er meint.

Es ist eine Schande, dass die Züge von Mobiltelefonen, Laptops und Bordbildschirmen erobert wurden, denn eine Zugfahrt bot früher eine wohltuende Pause von Arbeit und Ablenkung. Heute kann man vom Zug aus seine Geschäfte führen oder fernsehen, während es früher nur zwei Möglichkeiten gab: Lesen oder aus dem Fenster schauen, beides müßige Vergnügungen. Ach, Verzeihung, es gibt natürlich noch eine dritte Möglichkeit: Dösen. Im Gegensatz zu Autos begünstigen Züge das Schlummern. Natürlich ist es möglich, sich im Zug von den Maschinen abzunabeln, und wir sollten uns vielleicht dahin gehend disziplinieren, dass wir das Mobiltelefon ausschalten und den Laptop in der Gepäckablage liegen lassen.

Das Buch, das Sie lesen werden, basiert auf Dan Kierans 20-jähriger Erfahrung mit dem müßigen Reisen. Ursprünglich entdeckte er das Abenteuer des langsamen Reisens, weil er an Flugangst leidet. Er musste Alternativen finden, und eben das zeigte ihm, was es heißt, wirklich zu reisen. Mittlerweile ist er sehr dankbar für seine Flugangst, ohne die er niemals das langsame Reisen entdeckt hätte. Es war nicht immer leicht für ihn. (Und wir sollten an dieser Stelle noch einmal darauf hinweisen, dass »müßig« kein Synonym für »einfach« oder »bequem« ist. Tatsächlich kann der Wunsch nach Müßiggang, oder nennen wir es Freiheit, das Leben oftmals ziemlich beschwerlich machen.) Wenn Dans Freunde in ein Flugzeug springen, um in Polen an einer Hochzeit teilzunehmen, muss er mit dem Zug hin- und auch wieder zurückfahren. Seine Art zu reisen kann beschwerlich sein. Doch zumindest fühlt er sich dabei lebendig; er trifft Menschen, er hört Geschichten, und es bieten sich ihm Anblicke, die dem Flugreisenden verborgen bleiben.

Ja, Dan nimmt das Ganze wirklich ernst. Eine seiner verrücktesten Eskapaden war eine einmonatige Spritztour durch Großbritannien, die er mit zwei Freunden in einem alten Milchwagen unternahm und von der er in diesem Buch erzählt. Das Wesentliche daran war, dass ihn diese Reise mit anderen Menschen zusammenbrachte. Wie oft trifft man schon jemanden am Flughafen, mit dem man ein Gespräch beginnen kann? Die Erfahrung hat Dan wieder in Verbindung mit seiner Umgebung gebracht: Er fand heraus, dass das Land voller hilfsbereiter Menschen ist, auch wenn die Zeitungen uns etwas anderes glauben machen wollen. Die Gemeinschaft ist in keinster Weise tot.

Slow Travel ist vor allem ein Loblied auf das Ungeplante, auf das Loslassen. Heutzutage ist das Reisen und besonders der Urlaub meist einem akribischen Zeitplan unterworfen. Für jeden einzelnen Tag sind Aktivitäten eingeplant. Es gibt eine Reiseroute, einen Busausflug, eine Stadtrundfahrt. Selbst diejenigen, die dafür bezahlt haben, um in ihrer Ferienanlage zu bleiben, witzeln darüber, es sei wie im Kriegsgefangenenlager Colditz. Doch wie schon Dr. Johnson bemerkte, »gibt es nichts Trostloseres als ein Unterhaltungsprogramm«. Geplanter Spaß wird den Erwartungen selten gerecht, und Dan ist sehr gut darin, das Gefühl der Leere zu beschreiben, das beispielsweise eine organisierte Besichtigungstour hinterlassen kann. Kinder mögen solche Ferien, weil sie viel Spaß auf der Wasserrutsche und mit dem ganzen Rest haben. Und diese Art von Ferien mag für Familien vielleicht das Richtige sein: Dan verschweigt die Tatsache, dass er nicht nur ein müßiger Reisender, sondern auch ein Fan von Centerparcs ist. Dennoch kann man kaum behaupten, dass ein solcher Urlaub irgendetwas mit Reisen zu tun hat. Er bietet nur eine kleine Auszeit.

Nein, die besten Abende in der Stadt und die besten Reiseerlebnisse sind häufig die ungeplanten: die zufälligen Begegnungen, die Freundlichkeit von Fremden und die unerwarteten Entdeckungen.

Wie ich bereits sagte, behauptet niemand, das müßige Reisen sei einfach. In diesem Buch gibt es viele berührende Geschichten von desaströsen Vorfällen; besonders peinlich ist die Geschichte von den zahlreichen Ausrutschern, die sich Dan mit seinem Sohn Wilf in einer eiskalten öffentlichen Badeanstalt in Budapest geleistet hat.

Dan achtet darauf, immer ein gutes Buch zur Hand zu haben: keinen herkömmlichen Reiseführer, sondern ein literarisches Werk, das etwas mit der Gegend, die er besuchen will, zu tun hat, oder eine aussagekräftige Biografie. Somit beinhaltet das Reisen für Dan ausgedehnte literarische und philosophische Reflexionen. Das müßige Reisen ist demnach das Gegenteil von Flucht – es ist vielmehr ein intensives und produktives Versenken in die eigene Innenwelt.

Lasst uns also sagen, dass das müßige Reisen mehr mit einer altmodischen Pilgerfahrt zu tun hat als mit der spaßüberfrachteten Auszeit von den Mühen des Alltags, die der moderne Urlaub darstellt. Ob man sie allein unternimmt, wie Christian in Bunyans *Pilgerreise*, oder gemeinsam, wie die Pilger in Chaucers *Canterbury-Erzählungen* (den wohl unterhaltsamsten Ferien aller Zeiten), es bleibt eine spirituelle Reise. Die Pilgerfahrt ist darauf ausgelegt, den Einzelnen wachsen zu lassen, ihm dabei zu helfen, mit sich selbst und mit anderen in Verbindung zu treten, und seine seelischen Verletzungen zu heilen. Kurz gesagt, sie ist therapeutisch. Es ist die Art des Reisens, die der österreichische Schriftsteller Stefan Zweig preist, der sich als einer von Dans Lieblingsliteraten erweist. Zweig, der 1881 geboren wurde, erinnert sich an eine Welt, in der die Geschwindigkeit, die wir heute so verehren, als unkultiviert und vulgär galt. Der Müßiggang kann uns dabei helfen, wieder an Noblesse zu gewinnen, uns von den Maschinen abzukoppeln und uns dem Chaos und der Natur auszusetzen. Einige der schönsten Passagen in diesem Buch sind Dans Beschreibungen der Goldadler in Schottland. Das müßige Reisen, argumentiert Dan, kann uns dabei helfen, uns wieder mit der unberührten Natur zu vereinen, die von der bürgerlichen Gesellschaft zunehmend verdrängt wird.

Vor allem aber weckt das müßige Reisen, und man könnte auch sagen: das wahre Reisen, den Poeten und den Philosophen in uns. Wir sind alle Philosophen, doch die unzähligen kleinen Sorgen des modernen Lebens lassen uns das oft vergessen, weil wir Ablenkung von unseren Problemen suchen, anstatt uns ihnen zu stellen. Wie meine Freundin Penny zu sagen pflegt: Wenn man eine Schmerztablette nimmt, ist der Schmerz immer noch da, *man spürt ihn nur nicht mehr*. Wir alle brauchen unsere Trostpflaster, seien es Alkohol, Drogen, Affären, Kartenspiel, diverse Abhängigkeiten, Urlaube, Luxushotels oder Reiseerlebnisse, einfach nur um unser Leben zu bewältigen. Aber der müßige Reisende verzichtet wohl oder übel auf diese Pflaster und begibt sich auf eine Reise in die eigene Seele. Wenn er dabei einen Blick in die Hölle erhaschen muss, sei's drum. Er wird auch den Himmel erblicken. Und nach einem langen und beschwerlichen Aufstieg wird die Aussicht umso großartiger sein.

Kapitel 1
Reise nicht nur, um anzukommen

Hey man, slow down.
Radiohead, *The Tourist*

Wie die meisten Menschen habe ich erst dann das Gefühl, wirklich unterwegs zu sein, wenn ich den Flughafen weit hinter mir gelassen habe. Die Züge von London nach Chichester, wo ich lebe, fahren über Gatwick. Ein vertrautes Gefühl der Erwartung stellt sich ein, während der Zug durch Horsham, Crawley und Three Bridges fährt. Zuerst ist es unmöglich festzustellen, welcher der Mitreisenden am Flughafen aussteigen wird. Dann fallen mir die riesigen Koffer ins Auge, und während wir uns dem Flughafen nähern, werden die Menschen um mich herum unruhig. Sie kauen an ihren Nägeln und starren angestrengt auf die Namen der Stationen, die auf der Anzeige vorbeilaufen. Die Geschäftsreisenden verraten sich dadurch, dass sie plötzlich anfangen, wie wild zu telefonieren. Sie prahlen mit ihrem wichtigen Trip und lassen sich dazu hinreißen, eine glanzvolle Schilderung von etwas abzugeben, das sich höchstwahrscheinlich als eine langweilige Geschäftsverhandlung in einem Gewerbegebiet in der Nähe eines provinziellen Flughafens erweisen wird.

Kurz darauf kann ich das blecherne Rauschen eines Düsenjets hören. Es wird so laut, dass die nervösen Urlauber in einer Mischung aus Schrecken und Ehrfurcht vor sich hin starren. Die Männer in ihren Anzügen atmen hörbar aus. Die Leute fangen an, über den Sicherheitscheck zu murren, während sie zum x-ten Mal sicherstellen, dass ihr Pass sich in ihrem Handgepäck befindet. Dann geht eine Welle der Bewegung durch die Menge, jeder greift nach seinen Taschen und Koffern. Beim Aussteigen werden die Passagiere kopflos wie Tiere, die das Herannahen eines Orkans spüren. Die Geschäftsmänner geben sich überlegen, drängeln sich aber dennoch rücksichtslos durch das ganze Durcheinander. Auf dem Bahnsteig kämpfen Koffer um die Vorherrschaft über den Fahrstuhl, doch dort wartet bereits eine Schlange von Leuten aus dem letzten Zug. Endlich ist die letzte Tasche davongetragen. Die Türen piepen und schließen sich, und der Zug fährt an.

Alle haben es auf den Bahnsteig geschafft. Das heißt alle außer mir. Ich steige nie am Flughafen aus. Erst wenn ich Gatwick hinter mir gelassen habe, weiß ich, dass ich tatsächlich unterwegs bin.

* * *

Wie Millionen anderer Menschen aus dem Vereinigten Königreich, die jedes Jahr nach Europa reisen, war ich auf dem Weg an die spanische Mittelmeerküste. Im Unterschied zu diesen Millionen wollte ich mit dem Nachtzug nach Marbella fahren.

Ich habe seit 20 Jahren kein Passagierflugzeug mehr von innen gesehen und bevorzuge es, auf dem Land- oder Seeweg zu reisen, ganz gleich wohin. Diese Tatsache scheint auf die inländische Presse ausreichend skurril gewirkt zu haben, um mir in den vergangenen zehn Jahren viele Aufträge für Reiseartikel zu sichern. *Newsweek* ließ sich einmal sogar dazu hinreißen, mich als den »Meister des langsamen Reisens« zu bezeichnen. Das langsame Reisen kam in dieser Zeit immer wieder in und aus der Mode, fast immer im Zusammenhang mit Presseberichten zum Thema Umweltschutz. Das kommt mir ziemlich eigenartig vor. Ich glaube, dass ich dem Planeten Erde meinen Respekt erweise – ich trenne meinen Müll und versuche, sparsam mit Wasser umzugehen –, doch in Wirklichkeit reise ich auf diese Weise, weil es einfach interessanter und unterhaltsamer ist. Darüber hinaus habe ich nicht das Gefühl, tatsächlich zu reisen, wenn ich nicht langsam reise.

Natürlich muss man fliegen, um gewisse Teile des Globus zu erreichen, aber 80 Prozent der Briten reisen hauptsächlich nach Europa. Es ist erstaunlich, dass so viele dabei das Flugzeug nehmen. Flugzeuge sind sicherlich eine großartige Sache, doch für mich besteht kein Zweifel daran, dass das Reisen immer mehr zu einer lästigen Pflicht wird, über die man sich im Stillen beschwert oder die es zu ertragen gilt, seit es Billigflüge und Pauschalangebote gibt. Das bringt uns zu einer unbequemen Wahrheit über die moderne Urlaubsreise. Heute können wir so schnell die ganze Welt umrunden, dass die meisten von uns paradoxerweise gar nicht mehr reisen – sondern nur noch ankommen.

An der Victoria Station in London kaufte ich ein paar Dinge für meine Reiseapotheke, dann fuhr ich mit dem Taxi nach St. Pancras, wo ich den Eurostar nehmen wollte. Ich hatte eine Reservierung für den Nachtzug von Paris nach Madrid, mit Anschluss nach Marbella am nächsten Morgen. Im Taxi kam ich mir auf einmal ziemlich durchtrieben vor, als würde ich die Schule schwänzen. All die Menschen, die das Flugzeug nahmen, befanden sich nun in einem künstlich beleuchteten Warteraum, inmitten von langweiligen

Bars und Boutiquen. Sie reisten nicht länger, sie waren zu einem Frachtgut geworden, dem in der Abflughalle das Geld abgenommen wurde, bevor es überprüft, gewogen und in einem engen Flugzeugsitz verstaut wurde. Bald würden ihre Körper nach Schusswaffen, Bomben und Messern durchsucht werden, und jene, die Babys dabeihatten, mussten beweisen, dass ihre Nuckelflaschen mit abgepumpter Muttermilch kein Nitroglyzerin enthielten, indem sie einen Schluck daraus nahmen.

Natürlich sind viele Menschen völlig zufrieden damit, auf diese Weise transportiert zu werden, trotz der Verspätungen, der Sicherheitskontrollen und, falls sie mit einer Billigfluglinie unterwegs sind, der wilden Drängelei um die Sitzplätze, doch es bleibt eine Tatsache, dass ihre Mobilität für die Dauer der Reise eingeschränkt ist und ihr Geist mit ewig gleichen Bildern und Filmen gefüttert wird, die auf einem kleinen Bildschirm erscheinen. Nach einigen Stunden werden sie an einem anderen Flughafen abgeliefert. Heutzutage wird die Welt von globaler Marktpolitik bestimmt, die die Strukturen und Vorstellungen unseres Lebens homogenisiert, und jemand, der sich von seinem zu Hause in der westlichen Welt über einen Flughafen mit angegliedertem Einkaufszentrum an Bord eines Flugzeugs begibt, in dem er seine Lieblingssendungen aus dem westlichen Fernsehen gezeigt bekommt, bis er an einem anderen Flughafen wieder abgeliefert wird, von dem ihn ein Taxi ins Hotel bringt – das er ausgesucht hat, weil es westliches Essen und westliche Unterhaltung bietet –, hat sich sicherlich fortbewegt. Doch es fragt sich, ob er wirklich irgendwo anders angekommen ist.

Auch die Anzeigetafeln in der Abflughalle eines Flughafens täuschen einen mit ihrer Funktionalität, während jene auf Bahnhöfen meine Fantasie anregen. Ich ertappe mich immer dabei, wie ich darüber nachsinne, wer ich alles hätte sein können und welche verschiedenen Leben ich hätte führen können.

In St. Pancras angekommen, passierte ich die Sicherheitskontrolle, und 25 Minuten später rollte ich bereits nach Paris. Im Eurostar überkommt mich immer eine romantische Abenteuerlust. Ich habe viele Jahre in London gelebt und fand es immer großartig, dass jederzeit die Möglichkeit bestand, sich in einem Fernzug davonzumachen. Heute ist mir klar, dass sich mein Hang zum »langsamen« oder »müßigen« Reisen in dieser Stadt zu entwickeln begann, und zwar auf eine völlig ungeahnte Weise.

* * *

Ich zog nach London, als ich einundzwanzig war, und blieb bis zu meinem 33. Lebensjahr dort. Der Umzug beunruhigte mich, denn ich war in einer Kleinstadt auf dem Land aufgewachsen. In dem Versuch, ein eigenes Gefühl für diese riesige und scheinbar unüberschaubare Stadt zu entwickeln, entschied ich mich eines Tages dafür, die U-Bahn zu meiden und stattdessen den Bus zu nehmen.

Mit der U-Bahn gelangt man sehr schnell von A nach B. Das ist zweifellos effizient und sehr viel praktischer, um zur Arbeit und wieder nach Hause zu fahren, aber es ist völlig nutzlos, wenn es darum geht, ein Gefühl für diese Stadt zu entwickeln. Ich verstand bald, warum ich London als Tourist immer so abschreckend gefunden hatte. Ich erinnerte mich an Momentaufnahmen von verschiedenen Orten, die scheinbar in keinerlei Verbindung zueinander standen. London kam mir vor wie ein Durcheinander von Postkartenmotiven, die – und das war das Wesentliche – mitten im Nirgendwo lagen. Die leicht hysterischen Meldungen in den

Nachrichten über Verbrechen und Chaos ließen London in meiner Vorstellung zwischen Terror und Touristenklischee schwanken. Der ganze Zauber und die Geschichte dieser Stadt schienen von den rotgesichtigen Beefeatern, den Taschendieben und den Angehörigen der königlichen Familie überlagert zu werden, die nach einem anstrengenden Tag, an dem sie für Fotos posiert hatten, zweifellos alle zusammen im Hard Rock Cafe die Füße hochlegten.

Indem ich diese Bilder auf meinen Busfahrten auslöschte, konnte ich die Stadt auf eine Weise entdecken, die nicht nur im praktischen Sinne nützlich war, und das veränderte meine Einstellung zum Leben in London vollkommen. Viele Leute waren der Ansicht, ich sei verrückt, so viel Zeit im Bus zu verplempern, wenn ich mich genauso gut an das Tempo der Metropole hätte gewöhnen können, indem ich die U-Bahn genommen hätte, doch ich sah das nicht so. Ich genoss es, mir die Zeit zu nehmen, um in den Außenbezirken und in den Parks spazieren zu gehen, und bekam einen Eindruck davon, wo ein Teil Londons endet und ein anderer anfängt; dazwischen entdeckte ich scheinbar vergessene Ecken und geheimnisvolle Straßen. Ich entwickelte sogar ein Gefühl für die Konturen der Stadt, die einem meistens verborgen bleiben.

»Kauf dir einen Stadtplan, du Trottel«, werden Sie sagen, aber Karten haben wenig praktischen Nutzen, wenn einem die Ortskenntnisse fehlen, um sie zu verstehen. Nach etwa einem Jahr begann ich mich viel entspannter zu fühlen, wenn ich mit der U-Bahn unterwegs war. Bald hatte ich das Straßennetz erfasst, ohne es mir noch anschauen zu müssen. Die Stadt – selbst eine, die so riesig und ausfernd ist wie London – war schließlich zu meinem zu Hause geworden.

Heute wende ich dieses Prinzip überall dort an, wo ich hinreise. Wann immer es geht, nehme ich die langsamere

Route, weil sie der Reise und den Orten, die ich besuche, eine viel größere Bedeutung verleiht, als wenn ich einfach über das Meer fliege – auch wenn das sehr viel effizienter sein mag. Vor allem aber verändert das langsame Reisen die Art und Weise, wie mein Verstand die Welt interpretiert, und in diesem Buch werde ich erklären, wie das langsame Reisen auch Ihr Denken verändern kann.

* * *

Wenn im Eurostar Französisch gesprochen wird, trägt das zu meiner Entspannung bei – als würde ich mich durch die Reise kulturell akklimatisieren. Genau dasselbe geschieht auch in geologischer Hinsicht, wenn man sich die Zeit dafür nimmt. Kent und Nordfrankreich werden in meiner Vorstellung miteinander verbunden, wie sie es einst durch eine Landbrücke waren, die unsere Vorfahren vor Tausenden von Jahren überquert haben. Nur an den andersartigen Strommasten und den Autos, die auf der falschen Seite fahren, merkt man, dass man im Ausland ist. Das langsame Reisen nagt an dem Gebilde der nationalen Identität, und die Grenzen zwischen den Nationen offenbaren ihre Unbeständigkeit. Wenn man eine Stadt im Zug und nicht im Flugzeug erreicht, verändert sich auch das Gefühl für das Reiseziel. Der Gare du Nord eröffnet einem einen Blick auf die Stadt, der dem der Einheimischen viel eher entspricht. Vielleicht mit raueren Ecken und Kanten, aber aufregend, nicht einschüchternd, und es ist viel leichter, sich unters Volk zu mischen und sich davonzumachen. Wer und was man ist, bleibt wunderbar undefiniert.

Ganz anders ist es beim Fliegen. Wenn man am Flughafen Charles de Gaulle landet, wird man sofort in eine Schublade gesteckt. Man wird mit Werbung, Broschüren und Angeboten bombardiert, die einen zu einem Touristen machen, ob es einem gefällt oder nicht. Ehe man sich's versieht, wird man unbewusst auch wie ein Tourist *denken*. Gerade erst gelandet, wird man schon Teil eines Wirtschaftssystems, um im Austausch für die Kinkerlitzchen, die extra dafür entwickelt wurden, einen zu ködern, Euros ins Land zu bringen.

Ich verließ zusammen mit den einheimischen Reisenden den Bahnhof, und wenige Minuten später hatte ich mich unter die Pendler gemischt, die die Seine überquerten. Aus dem Fenster der Métro konnte ich eben noch einen Blick auf die Rückseite von Notre-Dame erhaschen, bevor ich mich in der Abendsonne auf den Stufen des Gare d'Austerlitz wiederfand. Vom Gare d'Austerlitz fährt jeden Abend um 19.45 Uhr der Elipsos-Hotelzug nach Madrid ab. Es ist eine Fahrt von ca. 1500 Kilometern, die 13 Stunden dauert, für eine Hin- und Rückfahrt zahlt man 100 Pfund. Wenn einem das Geld locker sitzt, kann man für 700 Pfund ein Erste-Klasse-Abteil für zwei Personen nehmen, das eine eigene Duschkabine hat. Außerdem kann man im Speisewagen zu Abend essen, so viel Wein trinken, wie man will, und bekommt am Morgen ein warmes Frühstück, alles inklusive.

Die Passagiere, die in der Warteschlange für den Elipsos-Hotelzug stehen, haben sich über die Jahre verändert – sie sind viel jünger geworden. Es gibt noch immer zahlreiche gut gekleidete alte Damen, Interrailer und einige entspannt wirkende Anzugträger, aber mittlerweile sieht man auch viele junge Familien. Es ist wirklich eine zauberhafte Art zu reisen, aber verlassen Sie sich dabei nicht nur auf mein Wort. Im Durchschnitt ist der Zug das ganze Jahr lang zu 87 Prozent belegt. Wenn Sie im Sommer oder während der Schulferien fahren wollen, müssen Sie bis zu drei Monate im Voraus reservieren, doch auf diese Weise bekommt man auch die günstigsten Tickets. Wenn Sie Glück haben (und

Ihr Ticket beim Callcenter der Deutschen Bahn in Großbritannien buchen), bekommen Sie einen kombinierten Erste-Klasse-Fahrschein für die gesamte Reise von jedem Punkt in Europa für den Preis eines Flugtickets.

Das Gefühl von gespannter Erwartung ist zunächst noch mit Nervosität vermischt – einen Nachtzug zu verpassen kann ziemlich ärgerlich sein, vor allem, wenn man kleine Kinder dabeihat –, doch sobald man eingestiegen ist und sein Abteil sicher erreicht hat, breitet sich auf all den angespannten Gesichtern ein kollektives Grinsen aus. Man wird vom Zugbegleiter begrüßt, der die Pässe einsammelt (damit man an der spanischen Grenze nicht geweckt werden muss), dann wird man gefragt, wann am Abend die Sitze im Abteil zu Etagenbetten umgeklappt werden sollen und ob man zum Abendessen im Speisewagen reservieren will. Für meinen Sohn besteht der schönste Teil der Ferien aus dem »Schlafzug«, wo immer wir auch hinfahren. Es muss an der Kombination aus den unüblichen Snacks, den Etagenbetten und der ungewohnten Aussicht aus dem Fenster liegen. Außerdem gibt es keine feste Schlafenszeit. Jeder verfällt in seinen eigenen Rhythmus. Mütter und Väter können eine Pause einlegen, weil kleine Kinder nicht davonlaufen und Ärger anzetteln können. Gelegentliche Ausflüge zum Speisewagen machen Spaß, vor allem gegen Abend, ansonsten bleibt man herrlich unbehelligt in seinem Abteil und kann sich auf eine Weise entspannen, wie es in einem Flugzeug niemals möglich wäre.

Dieses Mal teilte ich mir mit Fremden ein Standardabteil mit vier Schlafkojen. Ich war als Erster da, und als meine Mitreisenden eintrafen, tauschten wir ein höfliches Lächeln aus. Ein stark tätowierter Mann mit einer Bierdose und ein allein reisender Junge von etwa 15 oder 16 kamen nach mir. Der Junge wirkte nervös und fing sofort an, mit seinem Gameboy herumzuspielen. Der ältere Mann bot mir ein Bier an. Ich nahm es und zeigte ihm die vier Dosen, die ich unter meinem Sitz verstaut hatte. Er lachte, als ich ihm eines von meinen offerierte, nahm es und lehnte sich brummelnd zurück, bevor er mir mehrmals aufs Knie schlug. Es ist immer ratsam, auf irgendeine Weise das Eis zu brechen, wenn man mit Fremden einen Liegewagen teilt. Nicht aus Gründen der Sicherheit, sondern zur eigenen Entspannung. Wenn man gleich zu Anfang ein Lächeln und einige Worte austauscht, fühlt man sich im Verlauf der Reise viel wohler in ihrer Gesellschaft. Häufig sind es Studenten auf einem Interrail-Trip, und fast immer sprechen sie Englisch, was praktisch und auch ein bisschen beschämend ist. Holprige Gespräche mit Fremden machen einen großen Teil des Vergnügens aus. Es ist unglaublich, was man alles aus Gesten, Mimik und überdeutlichen Handzeichen herauslesen kann.

Ich sah mich im Abteil um. Es war alt und etwas abgenutzt, aber gut erhalten und sauber. Die Betten waren noch nicht gemacht worden, und ich hatte den Eindruck, dass wir drei den Zugbegleiter herbeisehnten, damit er unsere Sitze wegklappte. Er kam, kurz bevor der Zug Paris verließ. Wir gingen auf den Gang hinaus, und etwas weiter hinten konnte ich die vertrauten Stimmen junger Amerikaner ausmachen. Über die Jahre habe ich viele junge Amerikaner in Nachtzügen gesehen, aber nur wenige junge Briten. Als unsere Betten fertig waren – mollige grüne Decken, die über weißen Laken festgesteckt waren, eine Flasche Wasser und ein Gratis-Kulturbeutel –, tauchte ein Franzose Ende sechzig auf und betrachtete mürrisch sein Ticket und das dazugehörige oberste Bett. Bei der Buchung kann man festlegen, ob man ein oberes oder unteres Bett bekommt, und unten hat man immer mehr Bewegungsfreiheit. Wir mussten alle drei mit anpacken, um seinen riesigen Koffer auf sein Bett zu stemmen, woraufhin er sofort wieder hinaus auf den Bahnsteig ging, ein Päckchen Zigaretten schwenkend. Wir bekamen ihn erst am nächsten Morgen wieder zu Gesicht.

Am nächsten Tag wachte ich um sechs Uhr auf, die beiden anderen schliefen noch in ihren Kojen, der eine zu meiner Linken, der andere über mir. Der Zug zuckelte voran und machte das klackende Geräusch, das mich sieben Stunden zuvor in den Schlaf gelullt hatte, als wir durch Frankreich fuhren. Unter anderen Umständen wäre einem das Abteil selbst für eine Gefängniszelle klein vorgekommen, doch der enge Raum ließ meine Gedanken wandern. Während wir dahinratterten, lag ich da und dachte an 20 Jahre langsames Reisen zurück. Ich weiß nicht mehr, mit wie vielen Nachtzügen ich mittlerweile gefahren bin, aber ich kann mich lebhaft an das erste Mal erinnern: 14 Stunden von Venedig nach Prag im Jahr 1994.

Ich machte mit meinem Freund Henry einen Interrail-Trip, und wir verbrachten die Nacht zusammengekauert auf dem Gang und streckten abwechselnd die Beine durch die offene Tür einer undichten Toilette. Wir waren einen Monat lang durch Europa gereist, waren durch Frankreich, Italien, die Tschechische Republik und Holland getrampt und hatten Florenz, Prag und Amsterdam gesehen. Damals hatte es eher einen praktischen Grund, dass wir den Nachtzug nahmen – so konnte man in einem anderen Land aufwachen, ohne dass man ein Bett für die Nacht bezahlen musste. Wir hatten sehr wenig Geld und so gut wie keinen Plan, außer ein paar Sehenswürdigkeiten abzuhaken. Eine Sache war mir jedoch ganz klar: Ich wusste, wenn ich nach Hause kam, würde ich nicht mehr derselbe sein.

Da ich in meiner Koje im Elipsos keine Fotos zur Hand hatte, ließ ich stattdessen die mentalen Videoclips dieser ersten Reise an meinem inneren Auge vorbeiziehen. Eine Sequenz wird dabei immer zuerst abgerufen. Wir befanden uns auf einer Landstraße irgendwo südlich von Lyon. Es war noch früh am Morgen und bereits ziemlich heiß. Der Campingplatz, zu dem wir wollten, lag 15 Kilometer entfernt. Unsere Rucksäcke waren schwer, weil wir planlos alles Mögliche eingepackt hatten, von dem wir glaubten, wir würden es brauchen. Wir trampten mit ein paar Francs in der Tasche und einer Straßenkarte, die sich als vollkommen nutzlos erwies, und hatten keinen Plan B, falls irgendetwas schiefgehen sollte. Damals waren Mobiltelefone noch schwerer als ein Ziegelstein, und man sah sie nur bei Bankern mit roten Hosenträgern, wir waren also ganz allein und auf uns gestellt. Der Asphalt war staubig, die Erde verbrannt von der Hitze eines frühen Septembertags. Wir hatten Wasser dabei, aber mir war klar, dass es nicht lange reichen würde. Ohne Eltern und von leichtem Heimweh geplagt, benahm ich mich zwanghaft vernünftig. Ich glaube, Henry fühlte sich genauso. Wir schmierten uns fieberhaft Sonnencreme auf den Nacken und trotteten schweigend voran. Ich erinnere mich, dass ich von panischer Angst übermannt wurde, während wir dem Unbekannten ins Auge blickten. Jedes Mal, wenn etwas nicht unseren grandiosen Erwartungen entsprach, fürchteten wir, dass wir aufgeben und früher als geplant nach Hause fahren müssten.

Wir kamen an eine Straßenkreuzung und überlegten, welche Richtung wir einschlagen sollten. Wir setzten uns auf unsere Rucksäcke und tranken das wenige Wasser aus, das noch übrig war. Ich drehte mir eine Zigarette. Weit und breit war kein Auto zu sehen, das uns hätte mitnehmen können. Wir dösten eine Weile im Schatten, dann erfasste uns Panik, weil wir kein Wasser mehr hatten. Doch je stärker die Angst wurde, desto mehr war ich fähig, sie zu durchschauen. Jetzt, da das Schlimmste eingetreten war – wir waren mitten im

Nirgendwo gestrandet, an einem glühend heißen Tag, ohne Wasser und wussten nicht, wohin –, fühlte ich mich auf seltsame Weise von etwas getröstet, das ich noch nie zuvor empfunden hatte. Meine Schultern entspannten sich. Wir fingen an zu kichern und erkannten schließlich, dass dieses Gefühl genau das war, wonach wir gesucht hatten. Wir hatten wirkliche Freiheit gefunden, und zum ersten Mal in unserem kurzen Leben wurde uns klar, was das Wort eigentlich bedeutet. Frei von Verantwortung zu sein, vor allem aber ohne jeglichen Plan, wo sich eigentlich bereits eine Berufsvorstellung abzeichnen sollte, frei von Erwartungen an das Leben, das wir einmal führen, und an die Menschen, die wir einmal werden sollten.

Schließlich kamen wir an eine Hauptstraße und versuchten weniger verbissen, eine Mitfahrgelegenheit zu bekommen. Wir bogen uns vor Lachen und beschlossen, die Methode anzuwenden, die John Cusack in dem Film *Der Volltreffer* benutzt. In einer Szene geht die Hauptfigur auf die Knie und fleht die Autos buchstäblich an anzuhalten. Henry sagte, ich sei verrückt, doch als wir uns beide hinknieten, hielt sofort ein Auto an, und wir waren wieder unterwegs. Das ramponierte Gefährt war klein, und die Innenausstattung verschlissen. Ich saß vorne und unterhielt mich kurz mit dem Fahrer, der vermutlich nur ein paar Jahre älter war als wir, er sagte, das Auto sei Baujahr 1975 – also genau so alt wie ich.

Die Gedanken und Empfindungen, die mir im Liegewagen durch den Kopf gingen, waren viel realer als die Fotos, die ich damals machte. Sie zeigen einen etwas absonderlichen dünnen jungen Mann, der seine Sonnenbrille zurückgeschoben hat und an den Nägeln kaut, aber ich erinnere mich an einen jugendlichen T. E. Lawrence, der sich selbst überwindet und ein neues Ventil für seine Neugier und Abenteuerlust entdeckt. Ich sehe mir niemals Fotos an, wenn ich mich an eine Reise erinnern will. Das Wichtigste an jedem Trip – wie man sich gefühlt und was man gelernt hat – scheint sich erst Jahre später in der Erinnerung zu manifestieren. Wenn es wirklich wichtig war, wird man sich daran erinnern. Man versteht vielleicht nicht, *warum* die eine Sache, an die man sich erinnern kann, so wertvoll ist, weil sie einem damals unwesentlich erschien, doch letztlich wird man sich darüber klar werden.

Das ist auch der Grund dafür, warum es so ermüdend ist, sich anderer Leute Reisebilder anzusehen. All das, was sie vor sich sehen, die Erlebnisse, die sie einem so begeistert vermitteln wollen, finden sich nicht auf ihren Fotos wieder. Fotografien zerstören den Bann, der im Geist gedeiht und sich wandelt, während man älter wird und die Erinnerungen sich verändern. Diese Momente in einen Rahmen pressen zu wollen ist, als wolle man eine Parkbank in einen Baum zurückverwandeln. Wenn man Glück hat oder ein Fotograf ist, wird ein solches Bild vielleicht selbst zu einem Kunstwerk, wegen des Lichts oder der Komposition, aber es enthält nichts von der Magie, die der Augenblick an sich hatte, als er *real* war.

* * *

Einige Stunden später erreichte der Zug den Bahnhof Chamartín in Madrid. Wir hatten zwei Stunden Verspätung und es bestand eine gewisse Gefahr, dass ich meinen Anschluss nach Málaga verpassen würde. Ich achte gewöhnlich darauf, Verspätungen einzuplanen, wenn ich einen Anschlusszug buche – Nachtzüge sind in Italien und Spanien oft unpünktlich –, doch dies war eine kurzfristige Dienstreise, zu der ich mehr oder weniger gedrängt worden war. Ich bin der Geschäftsführer und Mitbegründer einer Website namens unbound.co.uk, und ich fuhr nach Marbella, um einen potenziellen Investor zu treffen. Die beiden anderen Gründer würden auch zu dem Meeting kommen, aber sie hatten ein Flugzeug genommen.

Ich brauchte ein paar Minuten, um eine iPhone-App zu konsultieren, die ich mir heruntergeladen hatte, um mich im U-Bahn-Netz zurechtzufinden, und mit deren Hilfe es mir gelang, den richtigen Fahrschein zu kaufen und die richtige Bahn zu nehmen. Die Madrider U-Bahn, wie auch die Pariser Métro, kommt einem im Vergleich mit der Londoner unglaublich wackelig vor, mit großen, geräumigen Waggons und kleinen silbernen Griffen, mit denen die quietschenden Türen aufgerissen werden. Ich musste 16 Stationen weit fahren, bis zur Haltestelle Atocha Renfe, und vergnügte mich unterwegs damit, mir die Leute anzusehen. Es gab viele makellos gekleidete alte Damen und Pendler, aber nicht das Einerlei von Anzugträgern, die man zu dieser Tageszeit in London sieht.

Fremde Bahnhöfe bieten ebenso viele Metaphern wie Fahrtziele an. Ich denke, das liegt an der geistigen Verfassung des Reisenden – aus irgendeinem Grund beginnt man über Vorstellungen und Fragen nachzudenken, die einem nie in den Sinn kommen, wenn man zu Hause im Alltag ein öffentliches Transportmittel nutzt. Einsame Reisende denken gerne, sie befänden sich auf einer wichtigen Mission, die nur sie selbst kennen. Wohin meine Gedanken wandern, wenn ich unterwegs von A nach B bin, begeistert mich oft mehr als mein eigentliches Reiseziel. Jetzt musste ich buchstäblich gegen den Strom schwimmen und wurde zu einem Fels in der Brandung, der von den Pendlern mit ihren Aktentaschen umspült wurde. Jedes Hemd und jeder Schlips um mich herum schien ohne Bewusstsein zu sein, und ich sah mich verwirrt um, um das richtige Gleis für meinen Anschlusszug zu finden. Ich blieb stehen, um die Szenerie in mich aufzunehmen, wie ich es immer tue. Wenn man in die entgegengesetzte Richtung unterwegs ist als die meisten anderen, ist es gewöhnlich ein Zeichen dafür, dass man einen interessanteren Weg eingeschlagen hat.

Inmitten des Gedränges sah ich Rettung in Form einer roten Jacke und einer wunderschönen blonden Frau, die eine Plakette mit der Aufschrift »Kann ich Ihnen helfen?« in verschiedenen Sprachen trug. Sie lächelte und zeigte mir den Weg. Ich rannte eine Treppe hinauf und schob meine Tasche durch den Gepäckscanner. Eine lange Rolltreppe trug mich gemächlich hinunter zum Zug, und wenige Minuten vor der Abfahrt fand ich meinen Platz. Die Klimaanlage war mir sehr willkommen und der Geschwindigkeitsanzeiger weckte den kleinen Jungen in mir. Die Talgo-Schnellzüge (die wegen ihrer schnabelartigen Nase auch »Enten« genannt werden) können über 300 Stundenkilometer erreichen und brauchen zweieinhalb Stunden bis nach Málaga, das an der Küste liegt; sie fahren über Córdoba, wo man nach Sevilla umsteigen kann. Ähnliche Züge gibt es auch in Deutschland, und wenn man einen Platz im vordersten Waggon bucht, kann man dieselbe Aussicht wie der Zugführer genießen, von dem man nur durch eine Glasscheibe getrennt ist. Das ist allerdings nichts für Angsthasen.

Der einzige Nachteil an den spanischen Zügen ist, dass gewöhnlich ein Film auf den Fernsehschirmen läuft, die man von überall sehen kann, egal wo man sitzt. Vor der Abfahrt werden Kopfhörer aus einem kleinen Körbchen verteilt, damit man zuhören kann. Ich wandte mich dem anderen Bildschirm zu und betrachtete, wie die Ausläufer der Stadt in Felder, Bäume und staubige Straßen übergingen. Der Blick aus dem Zugfenster ist nämlich das eigentliche Fernsehen.

* * *

Meine erste alleinige Erfahrung mit dem langsamen Reisen hatte wiederum etwas mit Henry zu tun. Zehn Jahre nachdem wir durch Europa getrampt waren, nahm ich den Zug von London nach Warschau, um Trauzeuge bei seiner Hochzeit zu sein. Es sollte eine ereignisreiche Reise werden. Von London nach Brüssel, von Brüssel nach Köln und dann mit dem Nachtzug über die Grenze nach Polen. Das Ganze erwies sich als ein triumphales Beispiel für den glücklichen Zufall und regelrecht befreiend, denn ein Terroranschlag ruinierte meine sorgfältige Planung, bevor ich überhaupt das Haus verließ. Ich sah mir beim Frühstück die Nachrichten an und erfuhr, dass eine Granate auf das MI6-Gebäude abgefeuert worden war, und zwar von der Bahntrasse aus, die alle Eurostars überqueren mussten. Die Granate hatte dem MI6-Hauptquartier keinerlei Schaden zugefügt, aber sie machte meinen Zeitplan vollkommen hinfällig. Ähnlich wie die Panik, die mich an der Kreuzung in Frankreich überkommen hatte, als meine schlimmsten Befürchtungen eingetroffen waren, gab mir die Erkenntnis, dass mein minutiöser Reiseplan völlig über den Haufen geworfen war, ein seltsam ruhiges Gefühl. Dann wurde die Aufregung immer stärker. Ich würde ein neues Abenteuer erleben.

Alle anderen Hochzeitsgäste waren innerhalb von wenigen Stunden von London nach Warschau geflogen, und ein paar Tage später, als die Feierlichkeiten sich bereits dem Ende zuneigten, bemerkte ich in der Hotelbar, dass mein früherer Vergleich von U-Bahn und Bus sich als zutreffend erwies. Ich fühlte mich anders, auf eine Weise, die ich den Menschen um mich herum nicht erklären konnte. Ich dachte dauernd an die Veränderungen der Landschaft, Architektur, Sprache, Mimik, Musik, Umgangsformen und Mode, die ich während meiner Reise durch das Herz Europas wahrgenommen hatte. Ich war unglaublichen Menschen begegnet, und viele von ihnen hatten dem verzweifelten jungen Mann aus London geholfen, dessen Reisepläne wegen der IRA geplatzt waren. Ich hatte Pendler in Belgien, Deutschland und Polen gesehen und mich darüber gewundert, wie die Arbeit unser Leben genormt hat. Ich war voller Fragen und ungewohnter Gedanken und Gefühle. Ich stand die ganze Zeit leicht neben mir. Als ich endlich am Warschauer Bahnhof ankam, erschrak ich beim Anblick des riesigen und einschüchternden Sowjetbaus, der mich zu erschlagen drohte, doch meine Reise kam auf andere Art zu einem jähen Ende – mit einer überteuerten Taxifahrt zu meinem Vier-Sterne-Hotel. Obwohl ich in Warschau war, wirkten das Taxi und das Hotelzimmer beruhigend, aber auf eine völlig falsche Weise. Der vertraute Komfort stieß mich ab. Ich sehnte mich wieder danach, unterwegs zu sein, mich anders zu fühlen und einen anderen Teil meines »Ichs« kennenzulernen.

Paul Theroux sagte kürzlich in einem Interview mit dem *Guardian*, man solle am besten alleine reisen. Es gibt sicherlich keine besseren Reisebegleiter als die unausweichlichen Gedanken und Empfindungen der eigenen Seele. Wenn man mit einem Freund oder einer Freundin reist, hindert seine oder ihre Präsenz einen daran zu bemerken, wie sich der Geist in sich selbst versenkt, wenn man völlig allein an einem unbekannten Ort ist. Wenn man alleine reist, löst sich die eigene Identität auf, besonders wenn man langsam reist und lange unterwegs ist. Man spricht sehr wenig, was an sich schon ziemlich meditativ ist. Dem Geist steht es frei, in oft vernachlässigte Bereiche des eigenen Ichs zu schweifen. Das kann zunächst beunruhigend sein, doch schon bald fühlt sich der Verzicht äußerst angenehm an.

In der Bar in Warschau sah ich meine Freunde auf einmal mit anderen Augen. Ihre kurze Bewegung über den Globus hatte sie kein bisschen verändert. Sie unterhielten sich über dieselben Dinge, über die wir auch zu Hause reden: Musik, Politik, alte Freunde, Probleme auf der Arbeit und Neuigkeiten aus den Nachrichten. Es gab keinerlei Anzeichen dafür, dass sie von anderen Gedanken oder Vorstellungen beeinflusst worden waren. Ihre Reise war ein probates Mittel zum Zweck gewesen. Eine Unannehmlichkeit, die ertragen werden musste, um zur Hochzeit und wieder nach Hause zu kommen. Ihre Leben waren davon so gut wie gar nicht unterbrochen worden.

Bei mir verhielt es sich anders. Mir gingen tausend Dinge durch den Kopf. Ich bewegte mich durch Bereiche meines Ichs, die ich gewöhnlich nicht bemerke, weil ich zu beschäftigt bin. Ich fühlte mich, als würde ich nie wieder derselbe sein. Kein Teil von mir war mehr in London. Ich war ganz und gar im Hier und Jetzt. Am nächsten Tag setzten mich einige Freunde am Bahnhof ab, damit ich meine lange Heimreise antreten konnte. Sie würden am Abend ein Flugzeug nehmen und rechtzeitig zu den Zehn-Uhr-Nachrichten zu Hause eintreffen. Ich hatte eine Fahrt von 24 Stunden vor mir. Sie sahen mich freundlich, aber leicht verdutzt an. Einer nannte mich einen Exzentriker, als wir uns verabschiedeten, aber ich war von einer nervösen Freude erfüllt. Zugleich konnte ich es kaum erwarten, wieder unterwegs zu sein. Eine Stunde später unterhielt ich mich mit einem russischen Soldaten, der in meinem Abteil saß; wie sich herausstellte, hatte er seinen Posten verlassen und war auf der Flucht. Während ich mit ihm sprach, stellte ich mir vor, wie sich meine Freunde in 10 700 Meter Höhe Wiederholungen amerikanischer TV-Shows ansahen, und ich wusste, dass ich nie wieder auf diese Weise reisen würde.

* * *

Am Bahnhof von Málaga nahm ich die Bahn zum Flughafen, wo ich mich mit meinen beiden Freunden und Geschäftspartnern Justin Pollard und John Mitchinson treffen sollte, die am Morgen zu unserem Meeting eingeflogen waren. Ich war zu früh da, und es war bereits sehr heiß. Vor dem Flughafen standen Reihen von glänzend weißen Bussen und warteten auf die Urlauber, die von hektischen Angestellten in hellen Uniformen eingesammelt wurden. Die Touristen sahen beklommen aus, sie entspannten sich erst auf dem kurzen Weg von der klimatisierten Flughafenhalle zu den klimatisierten Bussen, als sie einen ersten Blick auf das werfen konnten, wofür sie gekommen waren – die Sonne. John und Justin kamen heraus, beide sehr schick in ihren hellen Baumwollanzügen, und begrüßten mich mit Umarmungen und breitem Grinsen. Ich glaube, philosophisch gesehen verstehen sie die Sache mit dem langsamen Reisen, aber ich bin mir sicher, dass sie die praktische Umsetzung etwas skurril finden. Wir verbrachten einige großartige Tage mit unserem potenziellen Investor in einer Burg mit Blick über Marbella, auch wenn die Geldfrage noch ungeklärt war, als wir alle wieder nach Hause fuhren.

Nachdem ich mich am Flughafen von den anderen verabschiedet hatte, machte ich mich auf nach Marbella, um allein über die berühmte Goldene Meile zu schlendern, bevor ich meine lange Rückreise nach England antrat. Marbella ist ein klassisches Urlaubsziel für britische Touristen. Es ist garantiert immer heiß, und die Hoffnung, dass der Glamour der im Überfluss vorhandenen Filmschauspieler, Fußballer und Prominenten auf den Rest von uns abfärben könnte, macht einen Teil der Anziehungskraft aus, die nicht wenige dazu verleitet, hier Urlaub zu machen. Der Flughafen von Málaga ist 30 Minuten entfernt, und der Flug von London nach Málaga dauert nur zweieinhalb Stunden.

Málaga ist allerdings ein sehr eigenartiger Ort. Die Hügel hinter der Stadt zieren großzügige Anwesen, die in bewachten Wohnanlagen mit Blick auf die Golfplätze liegen. Viele Fußballer aus der ersten Liga und die englische Nationalmannschaft kommen zum Training hierher, doch hinter den Golfplätzen ist es schnell vorbei mit dem Glamour. Dort befindet sich eine breite Autobahn, der Überrest eines aufgegebenen Bauprojekts, die sich zwischen den exklusiven Grundstücken auf dem Hügel und den palastartigen Häusern am Meer entlangzieht. Sicherlich werden die Bauunternehmer sich irgendwann darum kümmern, aber bei meinem Besuch wirkte sie schäbig und verfallen.

Der Strand ist ganz nett, aber wenig bemerkenswert. Nirgends ist es auch nur halb so schön wie am Strand von West Wittering, der in der Nähe meines Wohnorts liegt, auch wenn das Wetter hier deutlich besser ist. Es gibt Palmen, und an klaren Tagen verleiht die Sicht auf die Nordküste von Afrika dem Ganzen einen Hauch von Exotik, der die Goldene Meile beinahe in den Schatten stellt. Hier wird nichts der Fantasie überlassen. Alles, was auch nur im Entferntesten reizvoll sein könnte, ist so exklusiv verpackt worden, dass man konsumieren kann, was man will, ohne selbst danach suchen zu müssen oder eigene Entdeckungen zu machen.

Schließlich trugen meine Füße mich an die Grenzen von Puerto Banus, einem Yachthafen, in dem riesige Motorboote vor Anker lagen, die vermutlich selten benutzt werden. Davor sieht man Ferraris und Rolls-Royces, in Parklücken gequetscht, dahinter die üblichen Luxusboutiquen, die man überall findet, wo die Superreichen sich niedergelassen haben. Hinter den Tinnefläden, wie mein Vater sie nennt, kommt man schließlich zu den Strandbars und -clubs, die jede Saison auf den Seiten von Magazinen wie *Hello!* und *Heat* abgebildet werden. Der Ocean Club Marbella steht auf einer weißen Tribüne, einige hundert Meter vom Strand entfernt, und lädt dazu ein – nein, verlangt geradezu –, dass man die wunderschönen Körper anstarrt, die auf der Terrasse vorbeistolzieren. Einen Liegestuhl zu mieten, um darin zu faulenzen, kostet mehrere hundert Pfund am Tag. Als ich dort war, erschien auf Tripadvisor ein Bericht, in dem stand, das Personal sei gelegentlich unfreundlich, wenn man nicht genug Geld ausgebe, und man hätte einem Besucher gegenüber geäußert: »Die Leute kommen nicht hierher, um Sorbet zu essen, sondern um Champagner zu trinken.« Weiter hieß es, der Club sei »prätentiös, nimmt sich selbst viel zu wichtig und ist voller Menschen, die beweisen müssen, dass sie Geld haben«.

In meinen Jahren als Reiseautor, der häufig umsonst in den Urlaub fahren konnte und seine täglichen Auslagen üblicherweise vom Reiseveranstalter bezahlt bekam (um die 50 Pfund pro Tag), bin ich öfter in Fünf-Sterne-Hotels abgestiegen, die ich mir sonst nicht hätte leisten können. Ich habe nur einmal selbst dafür bezahlt, und zwar im Claridge's in London, und wenn ich mich an einem solchen Ort befinde, nehme ich immer den Barmann zur Seite und frage ihn über das Publikum aus. Jeder hat mir so ziemlich das Gleiche erzählt: »Die Leute, die es sich leisten können, sind in Ordnung. Diejenigen, die es nicht können, sind ein Albtraum.«

Das kann man sich gut vorstellen. Man kratzt genug Geld zusammen, um an einen legendären Ort zu fahren, und hat sich von einem Online-Prospekt beschwindeln lassen, nur um dann zu entdecken, dass alles so gar nicht den eigenen Erwartungen entspricht, so dass man am Ende nicht nur ein Vermögen ausgibt, sondern sich dabei auch noch miserabel fühlt. Ich für meinen Teil verabscheue überteuerte und exklusive Hotels. Ich sehe es ein, wenn jemand sagt: »Ist doch in Ordnung, wenn du umsonst dort wohnen kannst, das würde ich auch gerne mal machen«, aber nach ein paar Tagen ist es wirklich scheußlich, selbst wenn man nicht dafür bezahlen muss. Vielleicht liegt es ja daran, dass man *nicht* bezahlen muss, weil man es paradoxerweise nur dann richtig beurteilen kann.

Das hört sich unsinnig an, aber ich bin zutiefst davon überzeugt. Wenn ich irgendwo umsonst übernachte, dann geht es nicht mehr darum, was ich für mein Geld bekomme – was gut ist, denn das ist eine vollkommen subjektive Einschätzung, die vom Einkommen, der Lebensanschauung und den eigenen Erfahrungen abhängt. Ich kann nur beschreiben, wie es sich anfühlt, und jedes Mal, wenn ich in einem dieser Hotels gewesen bin, habe ich mich – ohne Ausnahme – nach ein paar Tagen danach gesehnt, der gekünstelten Atmosphäre zu entkommen. Es ist ein greifbares Gefühl, eine metaphysische Version davon, wie man sich an Weihnachten fühlt, wenn man viel zu viele Würstchen im Schlafrock, Pralinen und die Käseration eines ganzen Jahres verdrückt hat. Natürlich ist das Essen in den schicken Hotels meist ausgezeichnet, doch das bedeutet nur, dass man zu viel isst und Blähungen bekommt, während man dort ist. Ich habe eine Schwäche für das englische Frühstück mit allem Drum und Dran, doch am dritten Tag schaffe ich nur noch ein kleines Stück Melone und eine halbe Packung Kautabletten gegen Sodbrennen.

Nach dieser ganzen Völlerei kommt man sich sehr unattraktiv vor, was durch das Personal und die anderen Gäste stark gefördert wird, denn sie sind gewöhnlich gut aussehend und makellos gekleidet. In der Gegenwart von Menschen zu sein, die es sich leisten können, in solchen Hotels abzusteigen, heißt auch, dass man völlig paranoid wegen seiner Kleidung wird, denn man hat nie das »Richtige« zum Anziehen. Die Angestellten tun meistens des Guten zu viel und warten ständig auf ein Trinkgeld, eigentlich soll man sie dafür bezahlen, dass sie freundlich sind: eine seltsame Vorstellung, die dazu führt, dass man sich unbehaglich fühlt, wenn sie irgendetwas Nettes für einen tun.

Es klingt vielleicht merkwürdig, aber der einzige andere Ort, den ich kenne und an dem eine vergleichbar unangenehme Atmosphäre herrschte, obwohl es sich vermeintlich um das ganze Gegenteil handelte, war ein Benediktinerkloster. Jeder kann dort eine Nacht verbringen, was ich auch tat: Eine der Regeln des heiligen Benedikt besteht darin, Reisenden eine kostenlose Unterkunft anzubieten. Das klingt vielleicht nicht so verlockend wie ein bezahlter Aufenthalt in einem schicken Hotel, aber warten Sie's ab. Das Kloster war komfortabel, aber nüchtern, es gab dort keinerlei Luxus, und es war verboten, beim Essen zu sprechen. Das hat mehr mit den gekünstelten Umgangsformen in einem Luxushotel zu tun, als man denken würde. In beiden herrscht eine überwältigende Atmosphäre von Unterdrückung und Verunsicherung, die es fast unmöglich macht, sich zu entspannen. Beide sind auf Angst und Unfreundlichkeit gegründet (die Mönche sind genauso bevormundend wie die Hotelangestellten), aber das eine ist umsonst, und für das andere muss man zwischen 300 und 500 Pfund pro Nacht bezahlen. In gewisser Weise scheint das Hotel die bessere Wahl zu sein – es ködert einen mit dem Versprechen, man könne dem Alltag entkommen, und belastet einem für dieses Privileg die Kreditkarte, während das Kloster einem nur die Hoffnung bietet, die eigene unsterbliche Seele zu retten.

Natürlich liegt der größte Reiz der übertrieben luxuriösen Hotels mehr in der eigenen Vorstellung als in den Dingen, die ein solcher Ort in Wirklichkeit zu bieten hat. Obwohl ich wohl niemals im Sieben-Sterne-Hotel Burj Al Arab in Dubai absteigen werde (wo jede Suite zwei Stockwerke und einen Butler hat), kann ich mir vorstellen, wie es dort wohl wäre oder, was noch entscheidender ist, was für ein Mensch ich wohl wäre, *wenn* ich es mir jemals leisten könnte, dort zu wohnen.

Der Ocean Club Marbella scheint extra so gestaltet worden zu sein, dass Leute wie ich – die es sich nicht leisten können, ihn zu betreten, selbst wenn sie wollten – dennoch den Swimmingpool und die makellos gekleideten Kellner sehen können, die den absurd jungen und attraktiven Jungs und Mädels ihren Champagner servieren. Ehrlich gesagt war ich ziemlich beeindruckt von der schieren Vulgarität und Oberflächlichkeit, die dort herrschte. Alles war voller junger Frauen mit üppigen Haaren und ausgestopften Bikinis, die neben gebräunten Männern mit eisernen Bauchmuskeln und Dreitagebärten lagen und munter kicherten.

Etwas weiter oben entdeckte ich einen weiteren Strandclub, der etwas – aber wirklich nur etwas – weniger Blicke auf sich zog. Er nannte sich »Buddha Beach Bar«, und als ich wieder in England war, fand ich heraus, dass auf der zugehörigen Website stolz damit geprahlt wurde, welche Fußballspieler dort verkehrten. An dem Tag, als ich dort war, habe ich tatsächlich einen Fußballer gesehen, er fiel auf, weil er der Einzige in einer Gruppe von Leuten in winzigen Badekostümen war, der Kleider trug. Er sah etwas eigenartig aus, wie er in Hosen, Hemd und einer dünnen Jacke mit all diesen Halbnackten plauderte. Doch dann begriff ich, dass er auf diese Weise seinen Status geltend machte. Je weniger man das »Recht« hat, dort zu sein, desto weniger Kleidung darf man tragen. Da er ein Fußballer war – so etwas wie der Heilige Gral für diese Leute –, musste er angezogen bleiben.

Davon abgesehen, dass die Verunglimpfung des buddhistischen Glaubens vermutlich ironisch gemeint war – ich kann mir nicht vorstellen, wie Buddha das eitle Cocktailgeschwätz ertragen hätte –, schien er viel kleiner als der Ocean Club Marbella zu sein. Praktischerweise gab es einen Aussichtspunkt, von dem aus man die Leute im Club bequemer begaffen konnte. Es war, als würde man sich über ein Gatter lehnen und ein Feld voller Schafe betrachten. Ich schämte mich kein bisschen, als ich die Menschen in den Strandclubs mit offenem Mund anstarrte, denn ich sagte mir, wenn sie nicht von Leuten wie mir angestarrt werden wollten, wären sie gar nicht erst hierhergekommen.

Die Gäste der Buddha Beach Bar und des Ocean Club Marbella brachten mich auf die Frage, was der eigentliche Zweck eines Urlaubs ist. Vielleicht sind wir unbewusst alle auf ein derartiges Erlebnis aus – uns wie eine Berühmtheit zu fühlen oder uns, wenn auch nur kurz, in den reichen und schönen Teenager zu verwandeln, um den sich heute in der Populärkultur alles dreht. Wir brauchen etwas Wunderbares, wovon wir träumen können, während wir unseren meist profanen Tätigkeiten nachgehen, um die Hypothek und all die anderen monatlichen Rechnungen bezahlen zu können. Die Buddha Beach Bar und der Ocean Club Marbella bieten eine Form von Glückseligkeit, die für einige Leute offensichtlich funktioniert – und wenn wir ehrlich sind, haben wir alle eine Version davon in unseren Köpfen. Wir träumen vielleicht nicht gerade von den Boutiquen, Booten und Strandclubs von Puerto Banus, aber wir sind alle auf der Suche nach irgendetwas, wenn wir uns aufmachen, um unsere zwei Wochen Urlaub in der Sonne zu verbringen. Flucht, Vergessen, ein paar Wochen entspannen und ein Buch lesen – sind das nicht alles Varianten jener Fantasie, die die luxuriösen Hotelresorts um jeden Preis erfüllen wollen? Ich habe jedenfalls Urlaube verbracht, deren einziger Zweck es war, mich in eine Art Betäubungszustand zu versetzen, der mich mein Leben und meinen Job zu Hause vergessen ließ.

Das ist jedoch nur selten eine lohnende Erfahrung. Allzu oft kollidieren die von Prospekten und Broschüren heraufbeschworenen Vorstellungen und Erwartungen, wie unsere Ferien sein sollten, mit der Realität, die wir vorfinden, wenn wir angekommen sind. Ich habe einmal eine Sammlung von Geschichten über desaströse Ferien zusammengestellt, um diesem Gedanken nachzugehen. Chris Donald, der Gründer von *Viz*, schrieb über seine Pauschalreise in ein Vier-Sterne-Ferienresort in der Karibik, die so teuer wie ein »kleines Wohnhaus« war:

> Ich verbrachte die meiste Zeit damit, mich im Badezimmer einzuschließen, um um jeden Preis zu vermeiden, dass das Hotelpersonal auf mich aufmerksam wurde. Diese Mistkerle bedienten einen von Kopf bis Fuß. Jede Tür wurde für einen geöffnet, beim Abendessen wurden die Stühle abgerückt – und dann wieder zurückgerückt, sobald man seinen Arsch darauf niederließ ...

In Wirklichkeit kann die Vorstellung von den perfekten Ferien mit einem unbegrenzten Budget selbst dann noch enttäuscht werden, wenn man sie sich leisten kann.

* * *

Als meine Reise mit dem Eurostar am folgenden Tag dem Ende zuging, begann ich damit, mir einige Notizen für einen Vortrag über langsames Reisen zu machen, den ich beim Larmer Tree Festival in Dorset halten sollte. Ich war eingeladen worden, darüber zu sprechen, wie meine Vorliebe für eine andere Art des Reisens dazu geführt hatte, dass ich 2007 monatelang mit Freunden in einem elektrischen Milchwagen,

Baujahr 1957, durch England gefahren war. Dieser Trip war wirklich der Inbegriff des langsamen Reisens. Am ersten Tag (wir hatten keinerlei Pläne gemacht) fanden wir heraus, dass die Steckdose eines Küchenherds die einzige Stromquelle in einem Wohnhaus ist, mit der sich ein elektrischer Milchwagen aufladen lässt. Erst dann wurde uns klar, dass wir wildfremde Leute dazu überreden mussten, den Stecker ihres Herdes zu ziehen und unseren Milchwagen acht Stunden lang an die Hauptleitung ihres Hauses anzuschließen, wenn wir unsere Reise wie geplant durchführen wollten.

Für mich war es interessant, das Thema und den Zweck dieses Trips mit den Standbars von Marbella zu vergleichen, die ich gerade hinter mir gelassen hatte. Der Hauptunterschied schien oberflächlich betrachtet mit Zeit zu tun zu haben. Die meisten Menschen haben vermutlich weder Zeit noch Lust, einen Monat lang in einem altmodischen Milchwagen durchs Land zu fahren, doch das muss nicht heißen, dass die Philosophie, die einem solchen Trip zugrunde liegt, nicht vermittelbar ist. Ich wusste, dass es möglich ist, die Idee des langsamen Reisens auf die kurze Zeit anzuwenden, die die meisten Leute jedes Jahr für ihre Ferien übrig haben, aber warum waren nur so wenige bereit, sie in die Tat umzusetzen? Warum sind alle immer so in Eile?

Dieser Gedanke bestätigte sich ein paar Stunden später, als ich mit meinem Vortrag fertig war. Das Festival war gänzlich der Philosophie der Langsamkeit gewidmet, und das Publikum schien von unserer kleinen Expedition fasziniert zu sein. Ich erklärte, beim Lesen berühmter Reisebücher sei mir aufgefallen, dass die meisten Autoren langsame Reisende waren; sie waren nur nie mit diesem Begriff belegt worden. Als ich meine Sachen zusammenpackte, kam eine Frau auf mich zu und sagte: »Ich lese zu gerne Reisebücher, und Sie haben recht, die besten handeln vom langsamen Reisen, aber es sind Reiseberichte. Sie sind auch nur eine Art von Flucht. Sie helfen *mir* nicht dabei, anders zu reisen.«

Sie hatte natürlich recht. Leute wie Paul Theroux, Bruce Chatwin und Jonathan Rabans können Monate damit verbringen, langsam um die ganze Welt zu reisen, doch was ist mit denjenigen unter uns, die einen Job und Familie haben? Also entschloss ich mich, ein Buch darüber zu schreiben, was es heißt, ein langsamer oder müßiger Reisender zu sein, und herauszufinden, wie wir unser Denken über das Reisen und über die kurze Zeitspanne, die wir nicht bei der Arbeit verbringen, verändern können.

Kapitel 2
Bleib zu Hause

Zu Hause ist es so traurig. Es ist genau so, wie ich es verlassen habe, es entspricht den Bedürfnissen dessen, der als Letzter gegangen ist, als wollte es ihn zurückgewinnen ...
　　　　　　　　　　　Philip Larkin, *Home Is So Sad*

Beim Lesen dieser Zeilen fragte ich mich, ob eine solche Vorstellung von zu Hause auch für die Landschaft vor meiner Tür geltend gemacht werden konnte. War die Gegend, in der ich lebe – ohne groß darüber nachzudenken – auch traurig darüber, dass ich sie vernachlässigte? Hatte ich in meiner Liebe zum Reisen damit angefangen, meine Heimat als ein Mittel zum Zweck zu sehen, einen Ort, den ich bewohne, aber nicht wirklich verstehe? Versuchte er, mich zurückzugewinnen? In welchen geografischen Breiten man sich auch immer befindet, das eigentliche Reisen findet im Kopf statt, also ist es eine interessante Übung, die eigene Umgebung mit der Haltung eines Reisenden zu betrachten und darüber nachzudenken, was es eigentlich bedeutet, Ferien zu machen.

An einem klaren Tag im November machte ich mich mit meinem Rucksack auf, um einige der Orte zu erkunden, die direkt vor meiner Nase lagen und durch die ich sonst nur eilig hindurchfahre; ich war entschlossen, Larkin auf meine Weise zu antworten und meinem zu Hause mit derselben Abenteuerlust zu begegnen wie Laurie Lee, der einer meiner Lieblingsreiseschriftsteller ist. Er trat eines Tages aus der Haustür und tauschte den Blickwinkel eines festsitzenden Teenagers gegen den eines Reisenden ein, und das änderte seine Sicht auf die Landschaft seiner Kindheit.

Als ich erneut die ersten Seiten von *An einem hellen Morgen ging ich fort* las, 20 Jahre nachdem ich das Buch in der Schule entdeckt hatte, fühlte ich mich so schwerelos, als würde ich in einer Hängematte liegen. Es stellte sich heraus, dass die Stimme, die mir mein Leben lang ins Ohr flüsterte und von den Verheißungen des langsamen Reisens kündete, schon immer Lee gehört hatte. Die Worte seines ersten Kapitels verwandelten sich in eine herzliche Umarmung, mit der man einen alten Freund an einem Sommerabend im Pub begrüßt.

Im Jahr 1930 verließ der 19-jährige Laurie Lee sein zu Hause in den Cotswolds und machte sich mit einem Zelt, einer Geige, ein paar Kleidern zum Wechseln, einer Dose Melassekekse und etwas Käse zu Fuß auf den Weg. Er wanderte hinunter nach Southampton, um zum ersten Mal das Meer zu sehen, bevor er nach London ging, wo er sich ein Jahr lang als Hilfsarbeiter verdingte. Dann begann er, durch Spanien zu reisen. Dreißig Jahre später beschrieb er in seinen Erinnerungen, wie er am ersten Tag seiner Reise sein zu Hause verlassen hatte:

> Ich bin mir darüber bewusst, dass ich das Glück hatte, mich zu einer Zeit auf den Weg zu machen, als die Landschaft noch nicht für Schnellstraßen planiert worden war. Viele Landstraßen verliefen noch immer auf den ursprünglichen Pfaden, die von Packpferden oder

rumpelnden Wagenrädern gebahnt worden waren und sich an einem Tal entlang oder um ein Vorgebirge herumzogen wie der gewundene Lauf eines Flusses. Das ist alles noch gar nicht so lange her, doch heutzutage könnte man eine solche Reise nicht mehr machen. Die meisten alten Straßen sind verschwunden, und seither ist die Landschaft durch den Autoverkehr in Stücke zerteilt worden, durch die der Reisende geduckt auf Höhe des Rinnsteins eilt und weniger sehen kann als ein Hund in einem Straßengraben.

Natürlich ist die Welt heute noch mehr dazu gezwungen, Zugeständnisse zu machen, um höhere Geschwindigkeit und Effizienz zu gewährleisten. In Southampton nahm Lee all seinen Mut zusammen und fing an, mit seiner Geige Straßenmusik zu machen, und bald hatte er genug Geld zusammen, um weiterziehen zu können und keinen festen Job mehr annehmen zu müssen. Ich musste lachen, als ich las, wie er auf seiner Wanderung entlang der Küste kurz in Chichester haltmachte, um vor der Kathedrale »Bless this House« anzustimmen, woraufhin ihn die Polizei sofort verscheuchte. Das würde heute sicherlich ganz genauso ablaufen.

Nicht nur Lee ist der Ansicht, dass das Reisen untrennbar damit verbunden ist, sich Zeit zu lassen. So schreibt beispielsweise Paul Theroux in *Der alte Patagonien-Express* über das Fliegen: »Ein guter Flug wird durch Negative definiert: Man wurde nicht entführt, man ist nicht abgestürzt, man hat sich nicht übergeben, hatte keine Verspätung, fand das Essen nicht ekelerregend. Also ist man dankbar.« In *Ghost Train to the Eastern Star* bezeichnet sich Theroux sogar selbst als »müßiger Reisender«. In *Was mache ich hier* ist Bruce Chatwin davon überzeugt, dass die Geschwindigkeit, mit der man reist, das Erlebnis maßgeblich prägt: »Wandern ist eine Tugend, Tourismus eine Todsünde.« Patrick Leigh Fermor, der als Jugendlicher eine abenteuerliche Wanderung durch Osteuropa machte, schreibt in *Die Zeit der Gaben*: »Pferdestärken korrumpieren einen immer«, und es gibt noch viele andere, auf die wir später zurückkommen werden.

Vor ein paar hundert Jahren hatte man keine Wahl, man musste sich langsam entlang den Konturen und Verläufen des Landes und der See bewegen; darin bestand die eigentliche Definition des Reisens. Die damit verbundenen Mühen machten jene, die sich auf ausgedehnte Reisen begaben, nach ihrer Rückkehr zu Helden, die von ihren sesshaften Mitmenschen als außergewöhnliche Männer und Frauen angesehen wurden.

1749 beschrieb Thomas Nugent, der einen Reiseführer über die Sehenswürdigkeiten geschrieben hat, die man auf einer Kavalierstour besichtigen sollte (mehr dazu später), das Reisen als »einziges Mittel, um den Verstand zu schulen und sich hohes Ansehen zu verschaffen«.

Er fährt fort: »Die ersten zivilisierten Nationen ... verliehen sogar jenen, die nur kurze Reisen unternahmen ..., die Titel von Philosophen und Eroberern.« Er geht der Abstammung von Menschen nach, die auf die Suche nach Erkenntnis gingen und die er als Weise beschreibt, bis hin zu den Argonauten und dem Odysseus aus Homers *Odyssee*. Ich weiß nicht, ob heutzutage irgendjemand den durchschnittlichen Urlauber mit solchen Heroen würde vergleichen wollen.

Lees Abenteuer beginnt damit, dass er aus seiner Haustür hinaus ins Unbekannte tritt. Obwohl die meisten von uns, mich eingeschlossen, es ihm unmöglich gleichtun könnten – was wäre mit unseren Jobs, Familien und Verpflichtungen –, können wir uns alle zumindest einen Tag lang seine Haltung zu eigen machen. Ich fragte mich, ob es wohl möglich wäre, auf einer Tageswanderung einen Hauch von dem erleben zu können, worüber Lee so bewegend schreibt.

Seit ich sechs Jahre alt war, bin ich regelmäßig im Auto von Chichester nach South Harting gefahren, einem Dorf auf der anderen Seite der South Downs. Die Landschaft auf dieser Strecke ist 30 Jahre lang relativ unverändert geblieben. Nachts durch die Downs zu fahren fand ich als kleines Kind unheimlich, und ich entspannte mich erst, wenn wir auf der anderen Seite waren. Als ich älter wurde, fand ich diese Wildnis ungemein fesselnd, doch in all den Jahren, in denen ich erst zu Besuch kam und dann hier lebte, habe ich die Strecke niemals zu Fuß erkundet. Ich habe mich nie in der Landschaft verirrt. Das war jetzt mein Plan. Ich war aufgeregt und ein wenig sauer auf mich selbst, dass ich bisher nie darauf gekommen war, etwas so Naheliegendes zu tun.

***

Ich brauchte 25 Minuten, um aus der Stadt hinauszukommen, und hielt an einem Kiosk, um meinen Rucksack mit Snacks zu füllen, damit ich später nicht vor Entkräftung zusammenbrach. Die Hauptstraße, die ich beinahe jeden Tag benutze, wenn ich Wilf zur Schule fahre, hatte für einen Fußgänger kaum Besonderheiten zu bieten, nur die Plastiktüten, die die Kinder im Sommer in die Buchenhecken geworfen hatten, kamen nun zum Vorschein, als die Hecken ihre verwelkten Blätter verloren. Die Sonne stand tief in meinem Rücken und würde an diesem Tag mein einziger Begleiter sein. Ich duckte mich unter einer Brücke hindurch und entdeckte, dass die ehemalige Bahntrasse nach Norden bis zu dem Dorf West Dean asphaltiert worden war. Die alte Schneise schirmte mich von den Siedlungsbauten ab, die in den letzten 50 Jahren entstanden sind. Ich machte eine Pause und versuchte, die Blätter zu fangen, die von den Bäumen fielen, sie sollten mir Glück für meinen Ausflug bringen. Obwohl ich mich mit meinen Pirouetten vor einer Reihe von Joggern und Müttern mit Kinderwagen lächerlich machte, fing ich kein einziges. Ein gutes Stück die Straße hinunter, als ich es gar nicht mehr versuchte, hielt ich die Hand auf, und ein Blatt landete auf meiner Handfläche, was mir ein passendes Vorzeichen zu sein schien.

Der Herbst hätte eigentlich schon dem Winter weichen müssen, und die Eichhörnchen, die über den breiten, mit Laub übersäten Weg sprangen, schienen von der für die Jahreszeit ungewöhnlich warmen Luft leicht benebelt zu sein. Fälblinge und Schopftintlinge lugten aus den matschigen Spalten zwischen dem Asphalt und dem Eichenlaub hervor. Schließlich führte mich der Weg aus der Schneise heraus, und die Sonne wärmte meine Schultern. Ich konnte die South Downs am Horizont ausmachen, unter weit entfernten Wolken, die die Farbe von weißen Spüllappen hatten, die zu lange im Ausguss gelegen haben. Die Downs schienen erstaunlich weit weg zu sein. Für mich waren sie zugleich das Nebelgebirge, das Mumintal und der Hundertmorgenwald. Da ich kein bisschen Augenmaß habe, wenn es darum geht, Entfernungen abzuschätzen, hielt ich an und maß die Strecke auf meiner Karte mit meinem Zeigefinger ab. Zwanzig Kilometer würde ich locker schaffen.

Der Duft von gelbem Ginster und braun werdenden Farnen begleitete mich, als ich zu einem kleinen Hügel kam, der eine Straße trug, die über meinen Kopf hinwegführte. Erst als ich darunter stand, fiel mir auf, dass es sich um eine Brücke handelte, über die ich bestimmt tausendmal mit meinem Vater gefahren war, der jedes Mal hupte, um sicherzugehen, dass uns niemand entgegenkam. All die Jahre war der Weg, auf dem ich gerade aus der Stadt gekommen war, mir völlig unbekannt gewesen.

Zehn Minuten später kletterte ich eine Böschung hinauf, verließ die alte Bahnlinienstrecke und nahm die Hauptstraße, die durch das Dorf Lavant führt. Der gleichnamige Fluss, der nicht das ganze Jahr Wasser führt, zog sich eine Weile unter mir hin, bis er in einer Wiese verschwand. Zu meiner Rechten entdeckte ich einen Aussichtspunkt namens »The Trundle«, den ich kürzlich besucht hatte, vor allem deshalb, weil Ortsansässige mir versichert hatten, es sei der Ort, der William Blake dazu inspiriert hatte, in seinem Gedicht »Jerusalem« so eindringlich über die englische Landschaft zu schreiben. Bevor ich mich auf den Weg machte, hatte ich einige Stunden im örtlichen Antiquariat verbracht, um Belege für diese und einige andere vollmundige Behauptungen über meine unmittelbare Nachbarschaft zu finden. Es lässt sich nicht mit Bestimmtheit feststellen, ob dieser Ausblick Blake zu den Worten »grünes und liebliches Land« inspiriert hat, aber er verbrachte einige Jahre in Felpham, einem Küstenort in der Nähe von Bognor Regis, und es ist bekannt, dass er einmal in der Woche nach Lavant ritt, um Freunde zu besuchen. Und von seinem Schlafzimmerfenster aus konnte er die Downs sehen.

Ich verließ »Jerusalem« und hatte vor, nur noch eine Weile auf der A286 zu bleiben. Ich wollte die alte römische Straße finden, die mich zu den South Downs bringen würde, die weit entfernt auf der anderen Seite des Waldes am ansteigenden Horizont lagen. Sie war auf meiner Karte deutlich markiert und verlief in einer typischen geraden Linie hinter einem Haus an der Straße. Die Landstraße nach South Harting tauchte in ein Tal zu meiner Linken ab, während ich den Hügel hinaufstapfte. In dem Getöse der vorbeifahrenden Sattelschlepper wich meine gute Laune bohrenden Zweifel. Die vertraute Landschaft hatte sich ausgedehnt, weil ich so langsam vorankam, und mein Gehirn bemühte sich, die Standardparameter zu aktualisieren, die es sonst zugrunde legte, wenn es diese Umgebung interpretierte – meistens durch das Fenster eines fahrenden Autos. Ich hatte eine Stunde gebraucht, um eine Strecke zurückzulegen, die mich normalerweise weniger als zehn Minuten gekostet hätte, und die Straße und die Abgase vermischten sich mit meiner neurologischen Verwirrung und drohten meinen blinden Optimismus zu zerstören.

Nachdem ich den von Schlaglöchern übersäten Seitenstreifen und die donnernden Laster hinter mir gelassen hatte, fand ich schließlich das Haus, das ich suchte, aber nicht den dahinter liegenden Pfad. Hecken und Zäune verliefen kreuz und quer über die Felder vor mir, wo er hätte sein sollen. Das war ziemlich entmutigend. Ohne den Pfad schien es keine Möglichkeit zu geben, dorthin zu gelangen, wo ich hinwollte.

Nachdem ich eine Weile vergeblich gesucht hatte, fand ich ein halb offen stehendes Gatter, durch das man auf das Gelände eines Gutshofs gelangen konnte. Verzweifelt hoffte ich, dass ich so zu einem weiter oben gelegenen Feld kommen würde, wo ich sicherlich auf den Pfad stoßen würde. Ich ging zögernd weiter und linste nach den Fenstern des Hauses, doch niemand schien mich zu bemerken. Endlich konnte ich in einem Gehölz aus Buchen und Stechpalmen untertauchen. Der Boden war so trocken wie Zunder. Ich sah auf meine Uhr, doch ich bemerkte, dass ich nicht mehr vollständig von ihr beherrscht wurde. Da fiel mir auf, dass »es« geschehen war. Unterwegs hatte ich eine Pforte durchschritten, und sowohl meine Geistesverfassung als auch mein Blickwinkel hatten sich verändert. Es kam mir vor, als wäre ich schon viel länger unterwegs – oder vielleicht viel intensiver – als die Minuten und Sekunden, die meine Uhr anzeigte. Als ich mich in dem abgelegenen Gehölz auf die ausgetrocknete, krustige Erde setzte, wusste ich, dass ich tatsächlich auf meinem Weg war.

Im 19. Jahrhundert schrieb Henry David Thoreau im Nachwort zu *Walden oder Leben in den Wäldern* (seiner Abhandlung über den Rückhalt, den man im einfachen Landleben, weit weg von der geschäftigen Welt, finden kann): »Wenn jemand mit seinen Gefährten nicht Schritt hält, so tut er es vielleicht deshalb nicht, weil er einen andern Trommler hört. Lasst ihn zu der Musik marschieren, die er hört, wie auch ihr Takt und wie fern sie selbst auch sei.« Solche edlen und weisen Worte verlieren etwas von ihrer Wirkung, wenn man erfährt, dass ihm in seinem ländlichen Idyll viele der täglichen Haushaltspflichten von seiner Mutter abgenommen wurden. Dennoch bin ich überzeugt davon, dass dieser Impuls, langsamer zu werden, von allen Reisenden geteilt wird. Dabei frage ich mich, ob wir tatsächlich alle eine andere Musik hören, wie Thoreau sagt, oder ob manche Menschen nicht einfach eine andere Zeitvorstellung haben. Der Reiz, im Hier und Jetzt zu leben, der das eigentliche Ziel aller Reisen ist, offenbart sich bei den größten Reiseautoren in den akribischen Beschreibungen der Orte, die sie besucht haben, und der Menschen, denen sie begegnet sind.

Vor 80 Jahren traf Lee auf seiner Reise durch die Downs auf Menschen mit einem völlig anderen Zeitverständnis. Nördlich von Worthington stieß er auf einige erfahrene Landstreicher, die alle auf der Straße lebten und auf dem Rückweg ihrer jährlichen Wanderung durch England waren. Sie waren so etwas wie die Jäger und Sammler der 1930er Jahre, und einer von ihnen hatte Mitleid mit dem halb verhungerten Lee und nannte ihn ein »armes kleines Arschloch«:

> Er war ein Landstreicher durch und durch, der sich ständig aus- und einwickelte und in seinen Habselig-

keiten kramte. Er war nicht auf der Suche nach Arbeit, es war einfach sein Leben, und er achtete sorgfältig darauf, sich seine Kräfte einzuteilen – nie ließ er ein Stück Gras links liegen, das ihm als Bett dienen konnte, oder ein Cottage, wo ein Almosen zu ergattern war. Er sagte, sein Name sei Alf, aber das musste nicht stimmen, da er mich und jeden anderen ebenfalls Alf nannte.

Das Nomadenleben der Landstreicher veränderte sich je nach Jahreszeit, im Frühling und Sommer tourten sie durch das Land, oft von einer Landwirtschaftsschau zur nächsten, und im Winter suchten sie einen Unterschlupf in derStadt. Lee beschreibt Alf als jemanden, der langsam, aber nicht träge ist und nach seinem eigenen Rhythmus lebt, anstatt sich dem der anderen anzupassen.

* * *

Obwohl ich ansonsten einen soliden Glauben an die Gesetze und Methoden der Wissenschaft habe, hege ich keinerlei Zweifel daran, dass unser Gehirn dazu in der Lage ist, unterschiedliche Arten von Zeit wahrzunehmen. Wir alle wissen, dass die Zeit schneller vergeht, wenn wir mit etwas beschäftigt sind, auf das wir uns schon lange gefreut haben, und sich verlangsamt, wenn wir etwas tun müssen, wovor wir uns fürchten. Für jeden, der einen Vollzeitjob hat, vergehen die Wochenenden viel schneller als die ersten beiden Tage der Woche. Man muss allerdings Vorsicht walten lassen, wenn man über die Zeit spricht. Nur wenige vernünftige Menschen würden heutzutage wagen zu behaupten, dass es eine andere Zeit gibt als die Abfolge von Vergangenheit, Gegenwart und Zukunft.

Doch die Vorstellung, dass das langsame Reisen einem einen Zugang dazu verschaffen kann, eine andere Art von Zeit zu erleben, und dass Homers *Odyssee* vermutlich die erste Reisebeschreibung überhaupt war, ermutigte mich. Vor einigen Jahren habe ich einmal gelesen, dass die Griechen zwei Götter hatten, die für die Zeit zuständig waren. Der erste, Chronos, ist allgemein bekannt. Er ist der Gott der chronologischen, messbaren, gleichmäßigen, wissenschaftlich definierten Zeit. Eine Sekunde folgt auf die nächste, vielleicht bis in alle Ewigkeit. Ihm zu Ehren tragen wir alle Armbanduhren. Chronos repräsentiert nicht die Art von Zeit, über die Lee schrieb oder in der »Alf« lebte oder in der meine eigenen Erfahrungen mit dem langsamen Reisen stattfinden, aber seine Zeit ist sicherlich die, in der wir den größten Teil unseres Arbeitslebens und sogar unserer Ferien verbringen. Ferien bieten Erholung von der zeitgebundenen täglichen Routine, der wir alle zu entkommen versuchen, aber sie engen uns ebenfalls ein. Es liegt in seiner Natur, dass Chronos uns dazu bringt, zurück- und nach vorn zu schauen, anstatt uns auf das Hier und Jetzt zu konzentrieren. Er ist unser Feind, wenn ein Urlaub noch zu weit in der Ferne liegt, wenn wir endlich freihaben (denn die Zeit vergeht zu schnell) und wenn wir wieder nach Hause kommen (denn er treibt uns weiter in die Zukunft). Alles, was uns bleibt, sind ein paar Schnappschüsse, die nicht wirklich zeigen, wie wir uns gefühlt haben.

Interessanterweise, vor allem für den müßigen Reisenden, gibt es aber noch einen anderen griechischen Gott der Zeit – einen, der meiner Meinung nach besser zur Erfahrung des langsamen Reisens passt –, doch er ist weitgehend unbekannt. Sein Name ist Kairos, und er ist für die göttliche Zeit zuständig, jene Momente im Leben, in denen man mutig handeln muss oder es für immer bereuen wird. Auf den wenigen Darstellungen, die ich von ihm finden konnte, sieht er ziemlich seltsam aus. Er hat Flügel an den Füßen – weil er so schnell ist – und eine dicke Haarlocke über der Stirn, während sein restlicher Schädel völlig kahl rasiert ist. Wenn man ihn kommen sieht, muss man ihn bei seinem Schopf packen, um ihn aufzuhalten und die flüchtige Gelegenheit zu ergreifen, die er mit sich bringt. Wenn man aber zögert und nicht handelt, läuft er vorbei, man kann ihn nicht zurückhalten, und der Augenblick ist für immer verloren. Kairos steht nicht für die lineare Zeit. Man findet ihn in der ewigen Gegenwart, er spukt in unseren Erinnerungen an verpasste Gelegenheiten herum. Wir alle sind Kairos schon begegnet. Wir alle kennen dieses Gefühl oder eben diese Art der Zeit. Auf Kairos geht die berühmte Sentenz *Carpe diem* (Ergreife den Tag) zurück. Er steht für die Entscheidungen, die wir getroffen oder eben nicht getroffen haben, die die Landkarte unseres Lebens ausmachen und die Reisen, die daraus entstehen. Es sind die Taten, zu denen wir uns spontan entscheiden und die unsere Lieben und unser Leben für immer verändern. Doch in der hektischen Welt, in die wir alle normalerweise eingebunden sind, existiert Kairos gar nicht.

* * *

Ich verzehrte einige belegte Brote, die ich von zu Hause mitgebracht hatte, und streckte meine Füße im Gras des angrenzenden Feldes aus. Langsam begann ich mich auf angenehme Weise idiotisch zu fühlen. Die römische Straße existierte offensichtlich nicht mehr, in der Landschaft waren nicht einmal mehr irgendwelche Spuren zu entdecken, wie sie alte Viehtriebpfade manchmal hinterlassen. Ich war dabei, etwas zu tun, was mir noch vor einer Woche ziemlich verrückt vorgekommen wäre, aber ich war vollkommen zufrieden. Ich wusste, dass dieses Gefühl nicht anhalten würde, morgen würde ich wieder arbeiten müssen, aber als ich dort saß, fühlte ich mich frei. Die Zeit rannte mir nicht davon.

Der unauffindbare Pfad war früher eine Hauptstraße, die Chichester mit der römischen Stadt Calleva Atrebatum verband, die passenderweise ebenfalls nicht mehr existiert. In *I Saw Two Englands*, das knapp zehn Jahre nach Lees Reise geschrieben wurde, beschreibt der Autor und Reisende H. V. Morton einen Ausflug zu den unbebauten Feldern, die zwischen dem heutigen Reading und Basingstoke liegen. Er denkt darüber nach, wie eine Stadt, die 400 Jahre lang Teil des Römischen Reichs gewesen ist, vollständig von der Natur zurückerobert werden konnte, während andere, insbesondere Chichester, weiterhin genutzt und wieder aufgebaut wurden. Auch heute kennt niemand die Antwort auf dieses Rätsel, doch es rückte das Konzept des »Landbesitzes« wieder in den Fokus. Mir gefällt die Vorstellung, dass die Stadt für Hunderte von Jahren einfach dem Verfall anheimgegeben wurde und die Menschen, die in der Gegend lebten, es zuließen, weil es in jenen Tagen gang und gäbe war, dass große Teile der Landschaft unkartografiert und unbewirtschaftet blieben. In dieser Wildnis konnte die Landschaft ihre ureigene geografische Imaginationskraft wiedergewinnen, die sich in den spannenden Geschichten ausdrückte, die man gemeinsam am Feuer austauschte und die wir heute nicht mehr rekonstruieren können.

Da es keinen Weg gab, machte ich mich des unerlaubten Betretens eines Grundstücks schuldig, und mein Spaziergang war nicht länger legal, sondern wurde zu einem gesetzwidrigen Abenteuer. Die Karte, von der ich mir so viel erhofft hatte, war keine große Hilfe. Ich konnte die steilen Flanken der Downs und die Wälder sehen, die mein Ziel waren, doch von meinem Standort aus war es unmöglich, auf geradem Weg dorthin zu gelangen. Ich war wie ein Boot, das auf den gefährlichen Klippen eines privaten Grundstücks gestrandet war, die unter der Wasseroberfläche verborgen lagen. In diesem Moment flog ein Odysseusfalter vorbei, der von dem warmen Wetter offensichtlich ebenso irritiert war wie die Eichhörnchen, und ein Bussard kreiste über mir – so tief, dass er mich zwischen den Bäumen anscheinend nicht gesehen hatte. Das waren weitere Hinweise darauf, dass meine Wahrnehmung sich verändert hatte. Wenn man sich so in seine Umgebung einfügt, dass die Wildtiere einen nicht bemerken, ist es immer ein gutes Zeichen. Ich bewegte mich nun in dem Tempo, das nötig ist, um zu würdigen, dass die Landschaft nicht nur eine Kulisse darstellt, sondern voller Leben steckt. Der Schmetterling kam zurück und landete neben meinen Füßen, während die Leute, die »Wichtiges zu erledigen« hatten, trotzig auf der Straße weiter unten vorbeirasten, derselben Straße, die auch ich viele Male mit dem Auto genommen hatte. Ich beendete mein Mittagessen, sammelte meinen Müll ein und ging frech geradeaus, in die Richtung, in die die antike Straße hätte verlaufen sollen. Pfad hin oder her, ich hatte mich dazu entschieden, das Kielschwert meines kleinen Dingis aufzuholen und mein Glück auf See zu versuchen.

Die Sonne warf meinen Schatten in Richtung der Downs, und ich benutzte ihn als Wegweiser. Dabei beunruhigte mich der Pfad oder vielmehr sein Fehlen weit weniger als die Hecken und Zäune, die meinen Weg verstellten. Wenn man eine Karte von England zeichnen und nur die Teile kolorieren würde, die man betreten darf, dann würde die Nation ziemlich mickrig und monochrom aussehen. Es ist ja schön und gut, all diese wunderbaren Aussichtspunkte zu haben, doch es ist wie eine Safari zu Fuß, bei der man von imaginären Mauern eingeschlossen ist und die Landschaft nur anstarren kann, ohne ihre üppige Vielfalt zu spüren oder zu riechen.

Ich fragte mich, ob es die Fantasie einschränkt, wenn man davon abgehalten wird, die Landschaft auf diese Weise zu genießen. Nur die Fasane scheinen tatsächlich die Freiheit zu haben, das Land zu durchstreifen, doch wenn einem dafür eines Tages der Kopf weggeschossen wird, ist es ein ziemlich hoher Preis.

Etwa eine Stunde später kam ich wieder auf einen rechtmäßigen Weg, ich hatte mich am Stacheldraht geschnitten, blutete etwas und schwitzte heftig. Ich hatte mich hoffnungslos verlaufen, war aber nun gewissermaßen wieder auf Kurs. Mein Schatten hatte mich in einem Feld verblühter Sonnenblumen in die Irre geleitet, und ich musste einen halben Kilometer an der Hauptstraße entlanglaufen, bevor ich bei einem Bauernhof rechts abbog. Ich erreichte einen Feldweg und atmete auf, da das Risiko, von einem aufgebrachten Bauern erschossen zu werden, sich nun deutlich verringert hatte. Schon vor Monaten hatte ich gehört, dass Rotmilane in den Downs nisteten, und manche waren sogar schon im südlich gelegenen Chichester gesichtet worden. Ich hatte selbst keinen gesehen, abgesehen von einigen verschwommenen Umrissen aus dem Autofenster, doch nun, fast genau in dem Moment, als ich die Straße verließ, glaubte ich, einen weit oben im Aufwind fliegen zu sehen. Die Form und die Flugweise schienen mir richtig, doch ich war mir nicht vollkommen sicher. Dann fiel die Straße plötzlich ab, und ich konnte direkt vor meiner Nase die unverwechselbaren Silhouetten zweier Rotmilane ausmachen, die lässig in der Luft hingen. Für einen Raubvogelfreund wie mich war es ein Moment reinster Freude. Die Milane erobern die englische Landschaft zurück, und es ist ein wunderbarer Anblick.

Als ich an den Waldrand kam, blickte ich zurück, um einen Hinweis auf die römische Straße auszumachen, doch jede Spur von ihr ist längst verschwunden. Wie ich später erfuhr, hätte ich sie damals gar nicht benutzen dürfen. Die Straßen waren Händlern und Soldaten vorbehalten; Bauern wie ich hätten auf die Wege zurückgreifen müssen, die zwischen den Dörfern verliefen und weitaus holpriger waren. Das Land war bewaldet, bewirtschaftete Hügel und Felder wechselten sich mit brachliegenden ab, die sich vom Sommer erholen sollten, und mit solchen, die voller üppiger erster Blätter des Wintergemüses waren. Die Farbskala von Braun, Orange und Grün überwältigte mich, und die mittlerweile niedrig stehende Sonne verlieh dem Himmel eine weißlila Färbung.

Ich strebte auf den Wald zu und begann vor lauter Vorfreude, größere Schritte zu machen. Allein in einem Waldgebiet zu wandern und sich zu verirren ist einer meiner Lieblingstagträume, aber es sollte nicht sein. Im West Dean Forest gibt es einige öffentliche Reitwege, aber die Wege, die besonders verlockend ins Unterholz führen, sind alle mit Schildern versehen, die PRIVAT! KEIN ÖFFENTLICHER DURCHGANG schreien. Anstatt in die Tiefen des Waldes einzutauchen, musste ich ihn umrunden. Wieder sah ich die Fasane, die sich frei bewegen konnten, und schmollte einen Moment. Aber der Umweg bedeutete auch, dass ich langsamer vorankam, also nahm ich diese Unannehmlichkeit hin. Dann hörte ich die Holzfäller. Es handelte sich offensichtlich um einen Nutzwald, und vermutlich rechtfertigt ein prozessfreudiger Spaziergänger, der vielleicht einmal einen hässlichen Splitter abbekommen hat, dass der Rest von uns ferngehalten wird.

Als ich den Kiefernwald umrundete, war die Sonne zum ersten Mal, seit ich die Downs gesehen hatte, verschwunden. Herrenlose Maschinen und große Stapel gefällter Bäume, die mit einer leichten Plane abgedeckt waren, riefen in mir ein Gefühl stillvergnügter Einsamkeit hervor, während der schlammige Pfad unter mir immer mehr nachgab. Endlich kam ich an einen Weg, den ich betreten durfte; er führte in eine dunkle Höhle aus Kiefernzweigen und braunen, vermodernden Farnen. Der Waldboden war durch die Bewirtschaftung und das fehlende Sonnenlicht ausgelaugt, so dass sich überall ein farnartiges Moos in der Farbe von Kunstrasen ausbreiten konnte, das von einer grellen künstlichen Schönheit war wie eine unbekannte Lebensform, die man auf dem Grund des Meeres findet. Der Kontrast zwischen den Baumreihen, die im schattigen Dunkel lagen, und dem leuchtend grünen Waldboden war faszinierend.

Meiner Karte nach war ich beinahe auf dem Scheitel des South-Downs-Wanderwegs angelangt, von wo aus ich mich nach Westen in Richtung des mächtigen Harting Hill wenden würde, einem Aussichtspunkt, den ich ebenfalls noch nie besucht hatte. Der Pfad verwandelte sich in einen Reitweg, und bald entdeckte ich ein unauffälliges braunes Schild mit der Aufschrift: Fußweg. Es zeigte in drei Richtungen: hinauf zum South-Downs-Wanderweg, zurück in die Richtung, aus der ich gekommen war, und hinunter in den Wald, der hinter mir lag. Ein anderer Wanderer hielt inne, während ich zögerte. Als wir uns ansahen, spiegelte sich auf unseren Gesichtern seltsamerweise das Gleiche wider, wir fragten uns, ob wir uns bereits zu nahe gekommen waren und den anderen zur Kenntnis nehmen mussten oder ob wir uns noch weit genug voneinander entfernt befanden, um uns gegenseitig zu ignorieren. Es war der einzige andere Wanderer, dem ich an diesem Tag begegnet war, doch ich war in meine eigenen Gedanken versunken und nicht in der Stimmung für eine höfliche Konversation. Ich drehte mich um, und er ging vorbei. Der neue Pfad führte in Richtung des Worts »Ruine«, das ich eben auf der Karte entdeckt hatte. Ich war schon weit von zu Hause entfernt, allein im Wald, und hatte es bereits bis zum Kamm der Downs geschafft, doch in diesem eigentlich triumphalen Moment wurde ich von heftigen Zweifeln ergriffen.

Ich wusste, dass die Bäume zu meiner Linken hauptsächlich Kiefern waren, und hinter dem Pfad, der am Rand des Waldes entlanglief, konnte ich einige Buchen ausmachen, doch darüber hinaus hatte ich Schwierigkeiten, meine Umgebung zu deuten. Ich sah einige Vögel und hörte verschiedene Arten von Vogelgesang und Vogelrufen, aber zu meiner Schande kann ich Ihnen nicht sagen, um welche Arten es sich handelte oder was ihr Gesang bedeutete. Und ich bin auch nicht imstande, die jahreszeitlichen Veränderungen, die sich um mich herum ereigneten, detailliert im Stil der großen Naturschriftsteller wie Roger Deakin oder Chris Yates zu beschreiben. Als ich mich aufmachte, um die im Wald gelegene »Ruine« zu erreichen, wurde mir bewusst, dass die Landschaft wie eine Sprache war, deren Begriffe mir unbekannt waren. So wenig wusste ich über die verschiedenen Teile, aus denen sie sich zusammensetzte.

Die engagierte und gelehrte Prosa, die Experten benutzen, um sich untereinander auszutauschen, finde ich zwar beeindruckend, aber gleichzeitig fühle ich mich auch immer etwas eingeschüchtert. Ist unsere beiläufige Naturbetrachtung so aussagekräftig, wie sie sein könnte? Können wir sie ausreichend würdigen, wenn wir nichts über die Vögel, Bäume, Gräser, wilden Blumen und Tiere wissen, aus denen sie besteht? Ich fühlte mich überfordert, weil mein Wissen so lückenhaft war. Hektisch fing ich an, Fotos von allem Möglichen zu machen, damit ich später nachschauen und detaillierte Beschreibungen davon liefern könnte, doch der Grund für meine Unwissenheit ist viel interessanter. Glücklicherweise kam mir später an diesem Abend Deakin zur Hilfe, der in seinen *Notes from Walnut Tree Farm* streng bemerkt:

»In diesem Land herrscht der Irrglaube, dass die Experten alles besser können als die Amateure: Sie wissen mehr und machen alles richtig. Das Gegenteil ist der Fall.«

Er meinte damit natürlich Politiker und nicht Gehirnchirurgen, doch ich teile seine Meinung. Die großen Naturexperten sollten uns dazu anregen, unsere eigene Umgebung zu entdecken, anstatt ihre Schriften als Ersatz zu benutzen. Während ich auf der Suche nach der Ruine tiefer in den Wald eindrang, kam mir etwas in den Sinn, das mich laut auflachen ließ, was die Stille des Waldes für einen Moment aufhob. Jahrelang hatte ich mich über den herablassenden Ton gewundert, in dem Morrissey in »Ask« von den Smiths singt: »Die Natur ist eine Sprache, kannst du nicht lesen?«, und plötzlich wusste ich genau, was er meinte.

Die Ruine blieb ein Phantom, entweder war sie so vollständig überwuchert, dass sie gar nicht mehr existierte, oder sie war abgerissen worden, ohne dass die Götter vom Landesvermessungsamt darüber informiert worden waren. Ich trat aus einer Hecke und sah zwei Mountainbiker, die einen Pfad entlangradelten. Den Pfad. Den South-Downs-Wanderpfad. Als ich ihn erreicht hatte, fiel der Horizont zu meiner Rechten ab, und ich sah einen Hügel, der sich gen Arundel hin erhob, doch der aufsteigende Weg verdeckte mir die Sicht nach links. Ich trottete hungrig voran, wild entschlossen, den Aussichtspunkt zu erreichen, für den ich mich so abgemüht hatte. Bald fiel der Boden wieder ab, und die Sonne zeichnete die hügelige Landschaft mit unregelmäßigen Umrissen nach. Die Böschungen der Downs waren steil, an einigen Stellen verliefen sie beinahe senkrecht, und hinter einem weiteren kiefernbestandenen Hügel kam die Landspitze von Harting Hill in Sicht. Endlich befand ich mich auf dem Kamm des Hügels, und mit jedem Schritt entfaltete sich die Landschaft etwas mehr, bis das Tiefland von Hampshire unter mir erschien. Ich konnte meilenweit über eine Hochebene hinwegblicken, die ich unzählige Male im Auto überquert hatte, ohne die Landschaft wahrzunehmen; ich war immer bequem und schnell auf der asphaltierten Straße vorbeigefahren. Ich lächelte wie ein Mann, der das Ausmaß seiner eigenen Ignoranz erkannt hat, aber willens ist, mehr zu erfahren, anstatt sich davon niederschmettern zu lassen. Ich stand dort eine Weile, holte tief Luft, und mein Atem trieb im Wind davon.

* * *

Es ist nicht nur die Natur, die wir schwerlich begreifen können, wenn wir die Begriffe und Namen nicht kennen, die man braucht, um sie bestimmen zu können. Dasselbe gilt auch für alle menschlichen Erfahrungen. Wenn wir kein Wort für eine Vorstellung haben, hat das Gehirn Schwierigkeiten, sie sich zu merken. Das hört sich zunächst nach einem kleineren Problem an, doch unsere Sprache bestimmt die Art, wie wir denken und unser Leben angehen, genauso sehr wie die Gesetze des Universums. Für die meisten Menschen stellt Kairos ein Beispiel dafür dar. Sobald wir begreifen, dass es Augenblicke gibt, die unser Leben für immer verändern können, und dass es ein Wort gibt, das diese Möglichkeit ausdrückt, kommt es uns so vor, als hätten wir diesen Begriff schon unser ganzes Leben lang intuitiv verstanden, wir konnten ihn bislang nur nicht benennen.

Es gibt noch viele andere derartige Begriffe – ich bin ständig auf der Suche nach solchen Wörtern –, und als ich an diesem Buch schrieb, stieß ich auf ein weiteres faszinierendes Wort. Es ist das hebräische Wort *Zedaka*. Es lässt sich nicht direkt übersetzen und bedeutet sowohl Wohltätigkeit als auch Gerechtigkeit. Bei uns bedeutet Wohltätigkeit, dass man den Bedürftigen hilft, und Gerechtigkeit, dass man bekommt, was man verdient. Für uns sind es zwei sehr unterschiedliche Begriffe. Sie haben das Potenzial, eine politische Debatte auszulösen, denn während man Wohltätigkeit gegenüber jemandem ausüben kann, legt die Verbindung mit Gerechtigkeit nahe, dass derjenige diese auch verdient hat, wonach es sich dann im Umkehrschluss nicht mehr um einen Akt der Wohltätigkeit handeln würde. Jede der beiden Definitionen steht für sich, doch dem Wort *Zedaka* gelingt es, diese Begriffe miteinander zu verbinden.

Für jemanden, der Hebräisch spricht, stellt das Ganze keinerlei Problem dar, denn ein wohltätiger Akt ist per Definition auch eine Frage der Gerechtigkeit. Er muss nicht zwischen beiden Bedeutungen abwägen, weil der Begriff für ihn selbstverständlich ist. Diese Vorstellung in einer Sprache zu erfassen, in der sie nicht einem einzigen Wort zugeordnet werden kann, ist außerordentlich schwierig, selbst wenn man das Gefühl hat, sie verstanden zu haben. Es bleibt offen, ob jemand, der nur Englisch spricht, sich jemals einen solchen Begriff hätte ausdenken können.

Ich gebe Ihnen noch ein anderes Beispiel, das mit Zeit zu tun hat. Die Inuit, die in der Arktis leben, bezeichnen die Zukunft als *invatarru*. Doch dieses Wort heißt zugleich auch Vergangenheit, denn in ihrer Kultur verläuft die Zeit zyklisch. Bei einer solchen Zeitvorstellung muss man nicht fürchten, dass ein leeres Nichts am Ende des Lebens steht, und man braucht keinen Mythos vom ewigen Leben, das auf den Tod folgt. Unabhängig davon, ob diese Vorstellung »wahr« ist oder nicht, ist sie in all ihren Ausmaßen nur schwer zu begreifen, und man kann sich kaum vorstellen, wie es unser Leben verändern würde, wenn wir auf diese Weise über die Zeit dächten.

Sie belegt allerdings, dass der Einfluss, den die Sprache

darauf hat, wie wir die Welt wahrnehmen, weitreichender ist, als wir denken. Wir sind abhängig von den Vorstellungen, die unsere Sprache ausdrücken kann. Deshalb ist es für uns alle ein so großer Verlust, wenn eine Sprache ausstirbt, denn mit ihr verschwinden auch all die Begriffe, die sie enthält und die in unserer eigenen Sprache fehlen. Die Auswirkungen davon sind buchstäblich unvorstellbar. Dass diese Begriffe sich verbreiten können, die unser aller Leben und unser Bewusstsein von der Welt, in der wir leben, bereichern, verdanken wir natürlich dem Reisen.

Als ich zu erkennen begann, welche Ausmaße die Landschaft hatte, die ich noch nie erkundet hatte, obwohl sie die ganze Zeit direkt vor meiner Nase lag, wurde mir klar, dass dasselbe auch für alle möglichen Begriffe gilt. Stellen Sie sich vor, wie viele Ideen und Vorstellungen von der Welt unser Verstand intuitiv erfassen könnte, die uns aber verschlossen bleiben, weil unsere eigene Sprache zu beschränkt ist. Die Sprache, die wir verwenden, um unser eigenes Bewusstsein zu erforschen, wird zu einer Straße, die uns durch unsere vertraute Umgebung leitet. Einerseits bietet sie uns einen bewährten und zuverlässigen Wegweiser für unsere bewusste Wahrnehmung der Welt, andererseits verhindert sie, dass wir unsere Umgebung neu erleben können, und versagt uns unzählige andere Möglichkeiten, das Leben zu betrachten und zu erfahren. Doch der müßige Reisende hat die Zeit, so etwas zu bemerken und darüber nachzudenken, weil er oder sie ausgetretene Pfade meidet – die naheliegenden Vorstellungen und Begriffe –, während diejenigen, die die Welt in Eile konsumieren, sich auf das Bekannte und Zweckmäßige beschränken müssen.

* * *

Auf dem nächsten Stück Weg begegnete ich vielen anderen Wanderern; innerhalb von fünf Minuten hatte ich mehr Menschen gesehen als den ganzen Tag über. Die meisten waren mit dem Auto gekommen, Kinder und kläffende Hunde rannten um sie herum, doch ab und an bemerkte ich einen Wanderer, der wie ich die Umgebung in sich aufsog. Ein Mann in einem blauen Trainingsanzug humpelte mit einem grantigen Gesicht herum, er ging auf den Außenseiten seiner Füße wie ein Chaplin-Imitator. Seine Wanderkarte in einer Plastikhülle schlug ihm gegen den Hintern, während er sich unter Schmerzen vorwärtsschleppte, sicherlich hatte er Blasen an den Füßen, und er flüsterte mir ein höfliches »Guten Tag« zu, weil ich ihn zu lange angestarrt hatte.

Ich hatte meine Sonnenbrille aufgesetzt und kam mir vor wie ein Eroberer in Bedrängnis. Ich hatte meinen Proviant fast aufgegessen, und mein Wasser war nahezu aufgebraucht, mein Rucksack war also leicht, und ich sprang über den grasüberwachsenen Pfad, um den Schlammlöchern auszuweichen. Es kam mir vor, als sei ich sehr weit weg von zu Hause. Der aufkommende Wind ließ mich spüren, dass es bereits November und Nachmittag war, aber mein zusätzlicher Pullover hielt mich warm. Dann bog der Pfad in den Wald ein, und die Aussicht entzog sich meinem Blick.

Zwischen dem Waldgebiet, das ich nicht betreten durfte, und privaten Grundstücken auf der anderen Seite führte der Pfad mich auf und ab und um einen Hügel herum wie die Ablaufrinne eines Schwimmbeckens. Schließlich spie er mich an einem riesigen grasbewachsenen Erdwall aus, und obwohl ich bereits die ersten Blasen an meinen Füßen zu spüren begann und die Sonne schon am Untergehen war, musste ich anhalten, um ihn zu erklimmen. Es handelte sich um eines der vielen Hügelgräber aus der Bronzezeit, die im ganzen Land zu finden sind und so gebaut wurden, dass sie am Tag der Sonnenwende auf gleicher Höhe mit dem Sonnenuntergang liegen, und ich hatte nicht gewusst, dass es überhaupt existierte. Das erste war längst nicht das größte, also kletterte ich auf alle fünf und ließ mich dann auf dem höchsten nieder.

Diese Hügelgräber sind zwischen 3000 und 4000 Jahre alt und so etwas wie unsere hiesigen Pyramiden, sie sind etwa zur gleichen Zeit entstanden wie Stonehenge. Britische Schulkinder wissen mehr über die Begräbnisrituale ägyptischer Pharaonen als über unsere eigenen alten Fürsten und Könige, die hier in aller Stille ruhen und auf die nur ein verwittertes, gut gemeintes, ziemlich ramponiertes Schild hinweist, das bescheiden und in Vergessenheit darauf wartet, dass ein unerschrockener Wanderer darüber stolpert. Das Land wird dazu genutzt, Schafe und Rinder frei grasen zu lassen. Es gibt vermutlich nicht viele 4000 Jahre alte Monumente, auf denen Tiere sich frei bewegen können, doch in diesem Fall kommt es einem angemessen vor. Die Hügelgräber zeugen davon, dass bereits unsere Vorfahren dauerhafte Zeichen in der Landschaft hinterlassen und Landwirtschaft betrieben haben, was ihren nomadischen Vorvätern nie in den Sinn gekommen wäre.

Anthropologen sind der Ansicht, dass der Mensch vor etwa 50 000 Jahren anfing, kulturelle Bräuche wie Religion, Kochen, Spiele und Sprache auszubilden, und damit so »wie wir« wurde, doch das Reisen ist bereits seit Hunderttausenden von Jahren Teil unseres Lebens gewesen. Der *Homo sapiens* (lat. für »der vernunftbegabte Mensch«) entstammt einem Nomadenvolk, das aus Jägern und Sammlern bestand. Sie waren ständig in Bewegung und verbreiteten sich von Afrika aus in die ganze Welt, indem sie die Landbrücke überquerten, die bis vor etwa 8500 Jahren das heutige England mit dem europäischen Festland verband. Erst nach der

Agrarrevolution, die in der Jungsteinzeit zwischen 8000 und 3000 v. Chr. stattfand, begannen sie – oder vielmehr wir – in Siedlungen zu leben, die man als frühe Dörfer oder Städte bezeichnen kann. Man tut gut daran, sich daran zu erinnern, dass »wir« nur die letzten zehn von Hunderten von Jahrtausenden an einem festen Ort verbracht haben. Es ist also kaum überraschend, dass das Echo dieses unsteten Lebens, der freie, umherschweifende Geist dieser Männer und Frauen, in unserer DNA erhalten ist und die Vorstellung vom Reisen uns auch heute noch so ungemein inspiriert. Oder dass das Unterwegssein – wenn wir es in seiner ganzen Bedeutung erfassen – es unserem Geist ermöglicht, sich einem Denken zu öffnen, das sich fremdartig und zugleich beruhigend vertraut anfühlt.

* * *

Wer wie ich von Natur aus zum Müßiggang neigt, wird sich dafür interessieren, dass der durchschnittliche Jäger und Sammler neueren Erkenntnissen zufolge nur circa drei Tage in der Woche gearbeitet hat. Jagen und auf Nahrungssuche zu gehen war sehr viel effizienter als die tägliche Plackerei des Ackerbaus, der diese Tätigkeiten ablöste, und erlaubte den Menschen mehr Freizeit, als die meisten von uns heutzutage haben. Natürlich waren die Jäger-und-Sammler-Eltern viel patenter, als wir es heute sind. Mit dem Aufkommen des Ackerbaus begannen die Menschen, mehr Nahrung anzubauen, als sie für sich selbst brauchten, und sie mussten mehr arbeiten, um ihre Felder zu schützen und zu versorgen. Wenn die Ernte schlecht ausfiel, liefen sie Gefahr zu verhungern, doch wenn es ein gutes Jahr war, konnten sie einen Überschuss erwirtschaften. Von diesem Punkt an lässt sich erkennen, wie wir uns vom »vernunftbegabten Menschen«

zum »kapitalistischen Menschen« entwickelt haben, dessen Dasein von den Aufschwüngen und Pleiten der modernen globalen Wirtschaft bestimmt wird.

* * *

Ich kletterte von dem Hügelgrab herunter und folgte weiter dem Pfad, und meine Abenteuerlust begann zu schwinden, weil die schwellenden Blasen an meinen Füßen mich bei jedem zweiten Schritt stöhnen ließen. Ich fühlte mich wie Laurie Lee, als die erste Euphorie ihn verließ, nachdem er einige Stunden unterwegs war: »An diesem ersten Tag allein – und ich war mittlerweile völlig allein – ließen meine Begeisterung und meine Kräfte zunehmend nach ... Während ich weiterwanderte, wurde ich von Gedanken an zu Hause heimgesucht.« Aber ich riss mich zusammen und trottete weiter, während die Sonne langsam unterging. Der Pfad fiel ab und wand sich am Rand einer tiefen Senke entlang, in deren Mitte ein massives Gehöft kauerte, es war anscheinend auf dem Grund eines alten Steinbruchs erbaut worden. Die vielen Farben des Tages waren mittlerweile einem dämmerigen Grau gewichen, und ich kam an einem kleinen Denkmal für einen Kampfpiloten vorbei, dessen Flugzeug während der Luftschlacht um England hier abgestürzt war.

Der Pfad führte immer tiefer und tiefer hinab, doch ich konnte erkennen, dass ich später die verlorene Höhe wieder wettmachen musste, und sogar noch mehr, wenn ich über den Hügel wollte, der zwischen mir und dem mächtigen Harting Hill lag. Kurioserweise joggte in diesem Moment ein ganzes Rugbyteam den Hügel vor mir hinauf, jeder Einzelne von ihnen konzentrierte sich schnaufend und spuckend auf seinen Lauf. Als ich die Längsseite des Gehöfts erreichte, führte mich der Pfad an einigen riesigen Kalkbergen entlang, auf denen sich einige Spaziergänger niedergelassen hatten, um den Sonnenuntergang zu betrachten. Ich schlängelte mich an ihnen vorbei und begann wieder aufzusteigen, legte die Hände auf meine Oberschenkel, während ich voranstapfte, und atmete schwer.

Als ich endlich oben auf dem Harting Hill angelangt war, ließ ich mich erschöpft auf den Rücken fallen. Der Ausblick auf das Dorf South Harting unter mir, in dessen Richtung ich den ganzen Tag gewandert war, mit seinem grünen Kirchturm und dem Rauch, der aus den Schornsteinen einiger Häuser aufstieg, richtete mich wieder auf – allerdings nicht für lange. Glücklicherweise erregte kurz darauf ein kleines Gebäude meine Aufmerksamkeit, das ich auf einem Hügel zu meiner Linken ausmachen konnte. Es war ein Zierbau – eines der zahlreichen völlig zwecklosen Gebäude, die man in England auf dem Land finden kann und die häufig im 17. oder 18. Jahrhundert von einem reichen Adligen errichtet wurden, der gerade von seiner Kavalierstour zurückgekehrt war. Dieses heißt »Vandalian Tower« und wurde zur Feier des 21. Geburtstags von Sir Harry Featherstone erbaut, der wiederum Lady Hamiltons erste verbotene Eroberung aus ihrer Zeit als Milchmagd war. Der Turm war später ein Freudenhaus, dessen sturzbetrunkene Kunden in Schubkarren verfrachtet und von den konsternierten Dienern des nahe gelegenen Uppark House nach Hause geschafft werden mussten (in dem die Mutter von H. G. Wells als Hauswirtschafterin arbeitete und er als Kind lebte). Heute ist er nur noch zur Hälfte erhalten und steht eingezäunt inmitten der Kornfelder.

Da ich mein Ziel beinahe erreicht hatte, ging ich schneller, sprang den Hügel hinunter und ignorierte dabei meine brennenden Füße, so sehr sehnte ich mich nach einem Glas Bier. Als die letzten Lichtstrahlen, die zwischen den Bäumen durchschimmerten, von der Dunkelheit verschluckt worden waren, erreichte ich schließlich die Straße, die das Dorf mit meiner Heimatstadt verband; das schmale Band, das ich aberhundert Male entlanggefahren war, und ich schämte mich dafür, dass ich mir nie die Zeit genommen hatte, all das zu entdecken, von dem ich seit heute wusste, dass es existierte. Ich blieb eine Weile stehen, bis das wilde Pochen meines Herzens nachließ. Eine Straße. In meiner Vorstellung war sie schon seit langem ein unbestrittenes Symbol für Reisen, Abenteuer und Flucht, aber in Wirklichkeit ist es eine lausige Metapher. Eine Straße ist ein Tunnel, der einen an lineare Orte, lineare Begriffe und die lineare Zeit fesselt. Sie bietet Bequemlichkeit und Zweckmäßigkeit, aber verwehrt einem alles, was man lernen könnte, wenn man nur die Zeit und die Neugier hätte, sie zu verlassen.

Mit letzter Kraft schleppte ich mich in die Stadt und sehnte mich nach einem Pub mit einem lodernden Feuer und einer zünftigen Wirtin. Das hatte ich mir verdient. Die Straßen waren unbeleuchtet, es war also ziemlich riskant, in völliger Dunkelheit auf der Hauptstraße entlangzulaufen. Der Pub, in den ich so gerne gegangen wäre, war geschlossen, doch weiter oben an der Straße gab es noch einen anderen, und ich konnte sehen, dass er offen war. Ich trat ein. Die Luft im Inneren war feucht und kühl, aus zwei Fernsehern schallten die Fußballergebnisse, und als ich hereinkam, wurde ich von sechs Männern mittleren Alters angestarrt. Der Wirt brachte es eben noch fertig, zur Begrüßung eine Augenbraue zu heben. Ich konnte es nicht über mich bringen, mich dort hinzusetzen, also murmelte ich irgendetwas und ging hinaus. Und dann begann es zu regnen.

Lees erste Nacht endete ähnlich jämmerlich, all seine Erwartungen und seine Begeisterung kulminierten darin, dass er unter freiem Himmel in einem Kornfeld schlafen musste.

Mitten in der Nacht wachte er auf, es regnete in Strömen, er wurde von Käfern gebissen und von einer Kuh besabbert, was ihn am meisten erschreckte. An dieser Stelle verließ ich meinen angenehmen Begleiter und war froh, dass ich ihm nur einen Tag lang gefolgt war. Der Novemberregen ließ mich frösteln, und ich machte einen Anruf. Eine halbe Stunde später waren meine Lieben da und riefen nach mir.

* * *

Als wir nach Hause kamen, legte ich die Füße hoch, bestellte beim Lieferservice indisches Essen und trank eine Flasche Bier. Das Schöne daran, sein zu Hause mit einer gewissen Abenteuerlust zu betrachten, ist, dass man Ortskenntnisse erwirbt, für die man normalerweise keine Zeit findet. An diesem Tag war ich nach Norden gegangen. Ich faltete meine Karte auf und las die Namen von Orten, die ich auf Schildern gesehen hatte, doch ich hatte mir bisher nicht die Zeit genommen, sie zu besuchen. Meine Augen hatten sich daran gewöhnt, das, was vor meiner Nase lag, zu ignorieren, doch nun begann ich, meine Heimat mit den Augen eines Reisenden zu sehen, und ich würde sie nicht länger links liegen lassen.

Kapitel 3
Sei dein eigener Reiseführer

Ich kenne nur eine Freiheit, und das ist die Freiheit des Geistes.

Antoine de Saint-Exupéry

Wenn Sie eine Reise planen, ist Ihr erster Impuls, zu einem herkömmlichen Reiseführer zu greifen. Sie gehen in einen Buchladen und schauen sich nach der Reiseabteilung um. Dort ist die Welt in Gruppen und Untergruppen von Informationen aufgeteilt. Sie suchen sich das entsprechende Land heraus und wählen einen der Reiseführer aus. Sie nehmen eine Marke, der Sie vertrauen oder deren Werbung bei Ihnen erfolgreich war, und erhalten somit ein tragbares Referenzinstrument. Kinderleicht. Anschließend können Sie sich entspannen, denn Sie haben alles, was Sie brauchen, um das Beste aus Ihrem Trip herauszuholen, und das wollen Sie ja schließlich, oder?

Wenn Sie besonders enthusiastisch sind, fangen Sie sofort an, das Buch zu lesen, nachdem Sie nach Hause gekommen sind, und vielleicht markieren Sie die wichtigsten Passagen oder Sehenswürdigkeiten mit gelben Klebezetteln. Falls Sie allerdings so veranlagt sind, wie ich es früher war, legen Sie das Buch beiseite und vergessen es bis zum Morgen der Abreise. Unterwegs lesen Sie es schuldbewusst, als wären es Hausaufgaben, die Sie nicht erledigt haben. Vermutlich überblättern Sie den geschichtlichen Teil, weil er etwas langweilig ist, und lesen stattdessen den Abschnitt über die Anreise, den Sie nicht brauchen, weil Sie ja bereits unterwegs sind. Dann kommen Sie zu den empfohlenen Unterkünften und verspüren leichte Panik, falls die Bleibe, die Sie sich ausgesucht haben, ausdrücklich unter »Nicht empfohlen« aufgeführt sein sollte. Dann sind Sie irritiert, weil sie nirgends erwähnt wird oder teurer ist als alle anderen, und Sie fühlen sich mies, weil Sie so schlecht vorbereitet sind.

Mittlerweile sind Sie verunsichert genug, um die Sicherheitsinformationen durchzulesen: Wie findet man seine Botschaft, wie vermeidet man es, die Einheimischen zu beleidigen, und so weiter. Doch seien wir ehrlich, wenn es richtig schiefläuft, wird Ihnen sicher auch die Tasche mit dem Reiseführer geklaut – und dann nutzen Ihnen all die Informationen auch nichts mehr.

Dann kommen Sie zu einer Liste der Orte, die jeder Besucher »unbedingt gesehen haben muss«, damit die Reise kein Flop wird. Wenn Sie viel Glück haben, wird diese Liste durch einen Abschnitt ergänzt, in dem beschrieben wird, wo Ihr Reiseziel noch ganz »echt« ist, ein stillschweigendes Eingeständnis, dass die zuvor genannten Sehenswürdigkeiten wenig authentisch sind und für etwas stehen, das längst nicht mehr existiert.

Mittlerweile haben Sie wahrscheinlich kaum mehr das Gefühl, auf einer Urlaubsreise zu sein, wenn Sie sich in den wenigen Tagen, die Sie zum Entspannen haben, mit all diesen Stolpersteinen und den empfohlenen Besichtigungstouren herumschlagen müssen. Es dämmert Ihnen, dass der Reiseführer Ihnen nur Schuldgefühle vermittelt. Er ist voller Listen, die Sie abhaken müssen, und Aufgaben, die zu erledigen sind und die Sie sowieso niemals schaffen werden. Zuletzt entdecken Sie die eine Seite, die Ihnen etwas nützen könnte, nämlich den Stadtplan oder die Landkarte, die Sie aber gar nicht benutzen werden, weil sie zwischen all diesen beunruhigenden Informationen versteckt ist – und Sie eine viel größere und buntere umsonst in der Lobby Ihres Hotels bekommen, sobald Sie dort eingetroffen sind.

Das ist ein bisschen unfair von mir, denn solche Reiseführer werden häufig von Leuten geschrieben, die das entsprechende Land oder die Stadt lieben und nur hilfreich sein wollen. Außerdem müssen sie gewissen Vorgaben entsprechen, die den Autoren kaum Freiheiten lassen, das zu schreiben, was sie wollen, daher stehen Checklisten und besonders beliebte Sehenswürdigkeiten im Vordergrund. Mein Problem mit solchen Reiseführern besteht vor allem darin, dass sie die eigene Reiseerfahrung so stark einschränken – so dass einem selbst nicht mehr viel zu tun bleibt. Ich unterhielt mich einmal mit einer Freundin, die bereits mehrmals in Rom gewesen war. Kurz vor ihrem nächsten Trip sagte sie bei einem Glas Wein etwas sehr Interessantes: »Ich freue mich schon sehr darauf, denn ich bin schon so oft in Rom gewesen und habe alles gesehen, was man sehen muss, also kann ich jetzt einfach machen, was ich will. Diesmal bin ich nicht unter Druck, irgendetwas *tun* zu müssen.« Heureka!

Ich würde Ihnen raten, in den Buchladen zurückzugehen und sich einmal anzusehen, wie diese gut gemeinten Reiseführer Ihren Trip bereits entmystifizieren und entpersonalisieren, bevor Sie überhaupt darüber nachdenken konnten, was Sie unternehmen wollen. Das liegt schon in der Natur der Sache. Wenn man das Wort »Führer« im Wörterbuch nachschlägt, steht dort: »Jemand, der einem den Weg zeigt« oder »Jemand, der eine Reisegruppe leitet«. Mal ehrlich, wenn Sie nicht gerade dabei sind, den Amazonas entlangzuwandern oder die Eigernordwand zu besteigen, wollen Sie dann wirklich geführt oder geleitet werden? Indem Sie einen Reiseführer benutzen, bekennen Sie von vornherein, dass Sie diese Hilfe brauchen, und machen sich selbst zu einem unsicheren Reisenden. Es gibt jedoch gar keinen Grund, unsicher zu sein: Überall, wo ich gewesen bin, gab es lauter nette, freundliche Menschen, die mir nur zu gerne geholfen haben, wenn es nötig war.

Reiseführer sind allerdings nicht immer so gewesen wie heute. 1829 brachte Karl Baedeker seinen ersten Reiseführer heraus – über den Rhein –, und die Baedeker-Reihe wurde zum Maßstab, an dem alle späteren Reiseführer scheitern mussten. Als die Eisenbahn die Welt erobert hatte, übernahm Karls Sohn Fritz die Leitung und brachte erstmals eine Reihe von Autoreiseführern heraus, kurz nachdem Karl Benz sein erstes Auto gebaut hatte. Baedeker führte das Sternesystem für die Bewertung von Hotels ein, doch es waren die Liebe zum Detail und das enzyklopädische Wissen, die seine Bücher in weiten Kreisen so beliebt machten.

Ein Exemplar des Baedeker-Reiseführers Großbritannien von 1901 kostet heute nahezu 100 Pfund, Sie können ihn aber auch auf openlibrary.org umsonst lesen. Was mir an diesen Reiseführern gefällt, ist, dass sie am Reisen orientiert sind, anstatt einfach davon auszugehen, dass man an einen Ort fährt und dort bleibt. Außerdem setzen sie voraus, dass man sich ein Gefühl von Freiheit erhält, indem man nur wenig Gepäck mitnimmt und, besonders wichtig, nicht in Eile ist. Im Abschnitt »Reiseplanung« verkündet der Großbritannien-Baedeker: »Als Fußgänger reist man fraglos am unabhängigsten«, bevor einem nahegelegt wird, welche Kleidung man mitnehmen sollte:

Einige Flanellhemden, ein Paar Kammgarnsocken, Pantoffeln, Toilettenartikel, ein leichter Regenmantel und ein robuster Regenschirm reichen in der Regel aus....

Schwere und aufwendige Rucksäcke sollte man vermeiden; ein leichter Beutel oder eine Jagdtasche sind weniger belastend und lassen sich bequemer in unterschiedlichen Positionen tragen.

Ich werde mir sofort ein Paar Kammgarnsocken zulegen.

Die einzelnen Kapitel des Baedeker handeln davon, wie man von einem Ort zum andern gelangt – mit praktischen Anleitungen und heimatkundlichen Hinweisen, welche Bauten und Orte man unterwegs besichtigen kann. Man muss nicht unbedingt die beschriebenen Routen benutzen, weil der Führer so strukturiert ist, dass man ihn sowohl als Nachschlagewerk als auch als Lesebuch benutzen kann. Von den wichtigsten Sehenswürdigkeiten gibt es detailliertere Karten, doch der herablassende Tenor, der nahelegt, dass der ganze Trip reine Zeitverschwendung ist, wenn man sie auslässt, fehlt völlig. Es ist ein Führer für Reisende, nicht für Touristen.

Das Kapitel »Von Liverpool nach London« enthält beispielsweise vier mögliche Routen. Nur eine von ihnen enthält praktische Informationen über Crewe, Rugby, Uttoxeter, Macclesfield, Whitchurch, Stafford, Shrewsbury, Wolverhampton, Walsall, Derby, Nuneaton und Coventry. Es gibt 76 solcher Kapitel, die häufig in drei oder vier unterschiedliche Routen unterteilt sind. Das heißt, dass man immer alle wichtigen und nützlichen Informationen findet, auf die wir erst fast ein gutes Jahrhundert später durch Google zugreifen können, egal für welche Route man sich entscheidet. Die Grundstruktur der Baedeker-Methode findet sich auch in modernen »Routenplanern« mit ihren Bewertungssystemen und kurzen historischen Abrissen, doch die originale Baedeker-Reihe orientiert sich einzig und allein am Reisen. Selbst wenn der Großbritannien-Baedeker über 100 Jahre alt ist und einige der Tipps nicht mehr ganz aktuell sind – man kann beispielsweise nicht mehr mit dem Dampfer anreisen –, würde ich ihn einem Besucher unserer Insel weit mehr ans Herz legen als jeden modernen Reiseführer, von denen ich überzeugt bin, dass sie uns nur beibringen, wie man »phonetisch« reist.

Auf der Hochzeit, wegen der ich mein erstes Abenteuer als Alleinreisender unternommen hatte, hielt ich einen Teil meiner Rede als Trauzeuge auf Polnisch, doch anstatt den Versuch zu machen, etwas von der Sprache zu lernen, bat ich Agnieszka, die Braut, darum, mir den Text in englischer Lautschrift aufzuschreiben. Die polnischen Gäste brachen dementsprechend in Gelächter aus, und die englischen zogen erstaunt die Augenbrauen hoch, doch ich verstand nicht viel von dem Kauderwelsch, das ich ablas. Von der polnischen Sprache war nichts bei mir hängen geblieben, und später erfuhr ich, dass ich die wichtigen Passagen zu hastig vorgetragen hatte und die Rede größtenteils völlig unverständlich gewesen war. Dasselbe passiert mir, wenn ich versuche, kulinarische Meisterwerke anhand eines Kochbuchs nachzukochen, das uns ebenfalls nur beibringen kann, wie man »phonetisch« kocht. Wenn wir der Anleitung präzise folgen, kommt etwas dabei heraus, das der Fotografie auf der entsprechenden Seite ähnelt, aber wieder haben wir keine Ahnung, welcher Prozess und welche Überlegungen hinter dem stehen, was wir getan haben. Wir haben eine Abkürzung genommen, und deshalb wissen wir nicht, woran es liegt, wenn es nicht funktioniert. Ich habe zwanzig solcher Kochbücher, und ich nehme nie etwas aus einem Rezept und wende es auf ein anderes an, weil uns diese Bücher nur beibringen, wie man ein bestimmtes Rezept zubereitet – wir beschäftigen uns nicht richtig damit und lernen nichts dabei.

Meiner Erfahrung nach funktionieren die meisten Reiseführer auf genau dieselbe Weise. Sie konzentrieren sich auf die Abkürzungen, die es einem ermöglichen, das Fremde zu erleben, ohne sich tatsächlich auf die Orte einzulassen, die man besucht. Das trifft natürlich nicht nur auf Reiseführer oder Urlaube zu. Es scheint vielmehr eine natürliche Konsequenz davon zu sein, dass unser Leben zunehmend schneller wird – viele unter uns *leben* heutzutage sogar nur noch phonetisch.

Damit will ich nicht sagen, dass der müßige Reisende keine Reiseführer mitnehmen soll, wenn er unterwegs ist. Ich nehme immer Bücher mit, von denen ich hoffe, dass sie sich als nützlich erweisen werden – der Unterschied besteht darin, dass ich sie für einen ganz speziellen Zweck auswähle. Sie sollen mir nicht sagen, was ich tun oder wohin ich gehen soll, vielmehr erwarte ich von ihnen, dass sie meinen Trip zum Leben erwecken.

Auf diese Idee bin ich zufällig vor einigen Jahren in Paris gekommen. Das Erste, was ich in meine Reisetasche packte, war ein Exemplar des *Schakals* von Frederick Forsyth. Darin wird die Geschichte eines einsamen englischen Attentäters erzählt, der von einer Gruppe von Terroristen angeheuert wird, um den französischen Präsidenten Charles de Gaulle zu ermorden. Ich hatte es schon früher auf einer Zugfahrt nach Berlin gelesen und mich gefragt, ob es nicht eine stärkere Wirkung entfalten würde, wenn man es auf einer Reise nach oder in Paris lesen würde.

Das Ergebnis war überwältigend. Als der Schakal mit der Fähre nach Frankreich und anschließend mit dem Zug zum Gare du Nord gelangt war, fuhr mein Eurostar gerade in

Paris ein. Wie ich auf meiner Polenreise entdeckt hatte, verändert sich auf langen, einsamen Reisen unsere Wahrnehmung der Welt um uns herum, und es liegt nahe, dass dieser veränderte Bewusstseinszustand sich auch auf ein literarisches Werk auswirkt – das unseren physischen Standort zumindest teilweise widerspiegelt – und darauf, wie wir die Erzählung erleben. Ich saß eine Weile auf einer Bank und las, wie der Schakal sich nach Brüssel durchschlägt. Immer wieder wird sein Fortkommen von der Pariser Polizei behindert, die darüber informiert worden ist, dass ein unbekannter englischer Scharfschütze auf dem Weg nach Paris ist. Ich verschlang eine Seite nach der anderen, während ich im Berufsverkehr in der Métro saß und anschließend einige Stunden in verschiedenen Cafés verbrachte, ich saß draußen, beobachtete die Straße und zuckte zusammen, als mehrere Regierungslimousinen aus einem französischen Staatsministerium donnerten. Inzwischen hatte der flüchtige Schakal die Polizei abgehängt, indem er von der Schweiz nach Italien und wieder zurück nach Frankreich gefahren war, gerade rechtzeitig für das Finale in Paris.

Ich werde Ihnen nicht alles verderben, indem ich verrate, was als Nächstes geschieht, aber dass ich tatsächlich dort war, wo die letzten Kapitel spielen, und die fieberhafte Spannung der Geschichte an diesem sonnigen Freitagnachmittag in mich aufsog, machte dieses Leseerlebnis ungemein berauschend. Durch Forsyths Worte verbanden sich meine Fantasie und die Wirklichkeit auf eine Weise miteinander, wie es kein herkömmlicher Reiseführer jemals möglich gemacht hätte. Dennoch war es wie eine Führung durch Paris, die ich niemals vergessen werde.

Seit diesem Erlebnis habe ich das Prinzip an einigen anderen Orten ausprobiert und ebenso überzeugende Resultate erzielt. Agatha Christie schrieb einen Hercule-Poirot-Krimi mit dem Titel *Das Böse unter der Sonne*, während sie sich im Burgh Island Hotel vor der Küste von South Devon in der Nähe von Bigbury-on-Sea aufhielt. Das Hotel ist ein großartiger Art-déco-Bau, der von seinen heutigen Besitzern Deborah Clark und Tony Orchard liebevoll restauriert wurde. Die Insel ist dem Wechsel der Gezeiten ausgesetzt, so dass man zweimal am Tag vom Festland abgeschnitten ist, und außer dem Hotel gibt es nur einige wenige Privathäuser sowie einen kleinen Pub namens »The Pilchard Inn«. Es gibt keinen Handyempfang, und es ist schwierig, einen Fernseher aufzutreiben. *Das Böse unter der Sonne* spielt im Hotel und in seiner Umgebung, und weil die Möblierung und das Dekor jener Epoche entsprechen (und viele der Gäste die Gelegenheit wahrnehmen, sich nach der damaligen Mode zu kleiden), hatte ich zwei Tage lang wiederum das Gefühl, dass die Grenzen zwischen Fantasie und Realität verschwammen. Und wieder erwies sich Agatha Christie als sehr viel bessere Reiseführer-Autorin als die Person, die die eher langatmige Geschichte der Insel verfasst hat.

Wenn es um nächtliche Zugfahrten durch Europa geht, gibt es einen Autor, auf den ich immer wieder zurückgreife, nämlich John le Carré. In der Begleitung von George Smiley durch Osteuropa zu reisen ist eine ziemlich düstere Angelegenheit, aber es ist viel amüsanter, als seine Abenteuer zu Hause auf dem Sofa zu lesen. Eine Nacht in einem Zug, der auf dem Weg nach Deutschland oder durch die Alpen nach Italien ist, kann die eigene Wahrnehmung beträchtlich verschieben. Wer es moderner mag, kann es mit Robert Ludlums Jason-Bourne-Reihe versuchen: Bourne ist so etwas wie ein Superheld des langsamen Reisens, denn er benutzt nur selten ein Flugzeug.

Manche werden sagen, dass diese Art des Lesens einem die Freude an Büchern verderben kann, die uns mit Hilfe unserer Vorstellungskraft in die Vergangenheit, in die ganze Welt oder sogar aus ihr hinaustragen. Aber ich beschreibe nur eine Methode, um das Leseerlebnis zu steigern, das immer im eigenen Kopf stattfindet, wo man sich auch gerade befinden mag.

Solche alternativen Reiseführer müssen nicht immer fiktional sein. Eines der schönsten Reiseerlebnisse, das ich jemals hatte, war eine zehntägige Zugfahrt nach Wien, Budapest und Prag, die durch die drei Bücher, die ich mitgenommen hatte, unvergesslich wurde.

Es war Ende Februar, und dichter Nebel hing über dem Zug von Brüssel nach Köln, wo meine Frau Rachel, der damals dreijährige Wilf und ich gerade genug Zeit für ein Abendessen und einen kurzen Besuch in einem LEGO-Geschäft hatten, bevor wir in den Schlafwagen der Deutschen Bahn Richtung Wien umsteigen mussten. Wir trudelten durch überdimensionierte Bahnhofshallen, riesige Betonlandschaften, die von einer historischen Bedeutung zeugten, die mittlerweile deplatziert wirkte. Mein gesamtes Wissen über Belgien, Deutschland, Österreich, Ungarn und Tschechien war mir in der Schule eingetrichtert worden, wo die Weltkriege und das Aufkommen des Kommunismus oberflächlich abgehandelt wurden, und ich war gespannt darauf, einen Blick hinter die Kulissen zu werfen. Wir überquerten den Rhein und fuhren durch die Kölner Vororte, die Sonne war in einen weißen Schleier gehüllt und konnte kaum das endlose Grau durchdringen. Eben noch konnte ich einen rosa Elefanten auf dem Schild über einer Bar erkennen, dann eilten wir durch Reihen von dreistöckigen Backsteinhäusern, zwischen denen Kirchtürme und regennasse Fußballfelder auftauchten, deren Tore erstaunlicherweise nicht von Rowdys umgeworfen worden waren. Dann nahmen uns die Wälder auf, bevor ein Tunnel uns endgültig verschlang.

Ich las gerade *Die Welt von Gestern* von Stefan Zweig, der für mich zu einem Helden des langsamen Reisens geworden war, nachdem ich seinen erstaunlichen Essay »Reisen oder Gereist-Werden« aus dem Jahr 1926 gelesen hatte. Zweig war jemand, dessen Ansichten über das Reisen meinen eigenen entsprachen. Er wurde 1881 in Wien geboren, fand schon früh Anerkennung in den literarischen Cafés der österreichischen Hauptstadt, wollte sich aber auch anderswo beweisen und ging erst nach Berlin, dann nach Frankreich und Belgien. Er verstand sich als Pazifist, arbeitete jedoch während des Ersten Weltkriegs für das Kriegsministerium. Nach Kriegsende kritisierte er die blutdürstigen Touristen, die zu den Schlachtfeldern von Ypern kamen, um grell angemalte Patronenhülsen und Granaten zu kaufen und die Reste menschlicher Gebeine zu begaffen, die beim Pflügen ans Tageslicht gekommen waren. Als die Nazis an die Macht kamen, floh er zuerst nach London und ging dann in die USA, wo er seine Karriere als Journalist, Dramatiker und Autor fortführte. Er war ein Zeitgenosse von Sigmund Freud und schrieb viel beachtete Biografien von Balzac, Dickens, Nietzsche und Marie Antoinette. Tragischerweise beendeten er und seine Frau ihre Leben gemeinsam im Februar 1942, weil ihr geliebtes Europa geschändet worden war und in ihren Augen keine Zukunft mehr hatte.

Das Reisen ist oft mit einer Art spirituellen Erwachens in Verbindung gebracht worden, was bis in die Zeiten der religiösen Pilgerfahrten zurückgeht. Zweigs Reiseleben wurde ebenfalls zu einer solchen Pilgerfahrt, auch wenn er dazu genötigt war, sich immer weiter von seinem geliebten Heimatland zu entfernen. Da er einen Großteil seines Lebens damit verbrachte, einer Stadt zu entfliehen, in die er nie zurückkehren konnte, wurde das Reisen zu seiner eigentlichen Heimat.

In »Reisen oder Gereist-Werden« lässt er sich über das Aufkommen einer neuen Form von Tourismus aus, die heute weit verbreitet ist. Zunächst erörtert er, wie sehr er die Bahnhöfe Europas liebt, wie er stundenlang dort sitzen und die Geräusche und Gerüche jeder Nation in destillierter Form in sich aufnehmen kann. Er vergleicht sie mit einem neuen Bahnhofstypus, der gerade im Entstehen begriffen ist, Orte ohne jegliche Atmosphäre, die die Welt auf eine Auflistung im Fahrplan eines Fremden reduzieren – des modernen Reiseagenten. Er wettert gegen die »mathematische Organisation«, die sie anbieten, indem sie alles für einen vorausplanen, und zeigt auf, dass einem nichts mehr zu entdecken oder zu erforschen bleibt, wenn man keine Rolle mehr auf seiner eigenen Reise spielt. Auf Gruppenreisen stehe immer jemand bereit, um zu verhindern, dass man »durch falsche Gassen stolpern« kann, und Zweig beklagt die neumodische Angewohnheit, »nur an vielem Neuen vorbeizufahren, nicht ins Neue hinein«. Er hat wenig Geduld für die Massen, die als Teil großer Touristengruppen ankommen, um die wichtigsten Sehenswürdigkeiten abzuhaken, denn sie brächten nichts heim als »den sachlichen Stolz, diese Kirche, jenes Bild tatsächlich vor Augen gehabt zu haben – ein Rekord mehr sportlicher Art als Gefühl innerer Bildung und kultureller Bereicherung.« Er endet mit einem Appell, dass das Reisen bewahrt werden soll als »Verschwendung …, Hingabe der Ordnung an den Zufall, des Täglichen an das Außerordentliche …, denn nur so wird jede Reise zur Entdeckung nicht nur der äußeren, sondern auch unserer eigenen inneren Welt.« Man kann sich vorstellen, was er über das heutige Reisen sagen würde.

Die *Welt von Gestern* ist Zweigs Autobiografie, und sie erzählt die Geschichte Europas vor, während und nach dem Ersten Weltkrieg. Sie gewinnt an Nachdrücklichkeit, wenn man weiß, dass er sich das Leben nahm, kurz nachdem er sie beendet hatte. Das Wien von Zweigs Kindheit im ausgehenden 19. Jahrhundert war das bedeutendste kulturelle Zentrum der Welt, frei von Vorurteilen und Angst. Zweig bringt diese Freiheit zum Ausdruck, indem er über die dort vorherrschende Haltung gegenüber Geschwindigkeit und Zeit schreibt:

> Denn es war kein Jahrhundert der Leidenschaft, in dem ich geboren und erzogen wurde. Es war eine geordnete Welt mit klaren Schichtungen und gelassenen Übergängen, eine Welt ohne Hast. Der Rhythmus der neuen Geschwindigkeiten hatte sich noch nicht von den Maschinen, von dem Auto, dem Telephon, dem Radio, dem Flugzeug auf den Menschen übertragen, Zeit und Alter hatten ein anderes Maß. ... Eile galt nicht nur als unfein, sie war in der Tat überflüssig ...

Wilfs Kopf rutschte von meinem Arm und blieb in meinem Schoß liegen, als wir durch die belgische Landschaft eilten, und Zweig fuhr fort zu beschreiben, wie die Wiener gewohnheitsmäßig die großen globalen und politischen Ereignisse in den Tageszeitungen ignorierten und sich stattdessen den Artikeln über Theateraufführungen, Konzerte und Ausstellungen großartiger neuer Kunstwerke widmeten. Nicht deshalb, weil sie dem Weltgeschehen gegenüber gleichgültig waren, sondern weil sie ein tiefes Verständnis und eine Liebe zur Kultur hegten und in einer »windstillen Epoche« lebten, wie Zweig es im Rückblick nennt. Er schreibt: »... dazwischen lebte man behaglich und streichelte seine kleinen Sorgen wie gute, gehorsame Haustiere, vor denen man sich im Grunde nicht fürchtete« – und in diesem Satz lässt sich der Gemütszustand eines Mannes ausmachen, der sich an eine

Zeit erinnert, in der Europa noch nicht für Generationen zum Kriegsschauplatz geworden war.

* * *

Dank Zweigs Erinnerungen hatte ich einen emotionalen Reiseführer für seine Geburtsstadt, doch es war Carl E. Schorskes Werk *Wien. Geist und Gesellschaft im Fin de Siècle*, das mir die Hintergründe erschloss. 1897 inspirierte die Art-nouveau-Bewegung eine Gruppe Wiener Künstler und Architekten dazu, die Wiener Secession zu gründen. Sie waren entschlossen, die Stimme und den Fokus der Kunst von der Last der Vergangenheit zu befreien und zu erneuern. Der erste Präsident der Gruppe war Gustav Klimt, und zu ihren Mitgliedern gehörten Egon Schiele, Joseph Maria Olbrich und Josef Hoffmann. Die Moderne beschränkte sich nicht nur auf Architektur, Malerei und Skulptur. Freuds *Traumdeutung*, die 1899 erschien, war Teil einer umfassenderen Debatte über die Natur des Menschen. Der »rationale Mensch« hatte die Natur besiegt, über die er die moralische Kontrolle zu haben glaubte, indem er die Gesetze der Wissenschaft erforscht und sie sich zunutze gemacht hatte. In seiner umfassenden Studie über das Wien dieser Epoche schreibt Schorske: »In unserem Jahrhundert hatte der Mensch der Ratio seinen Platz jenem reicheren, aber auch gefährlicheren und schwankenden Geschöpf, dem homo psychologicus, zu räumen. Dieser neue Mensch ist kein vernünftiges Wesen allein, sondern auch ein fühlendes und instinktgeleitetes.«

Da sie in einer konstitutionellen Monarchie und in einer aristokratisch geprägten Gesellschaft lebten, in der die Jugend keine Stimme hatte, blieben Zweig und seinen Zeitgenossen kaum Möglichkeiten, ihre Enttäuschung über die Politik zu äußern, weshalb sie ihre leidenschaftlichen Gefühle in Musik, Literatur und Kunst ausdrückten. Deshalb wurde die Kunst in Zweigs Generation zum übergeordneten Ziel und zum ultimativen Ausdruck eines zivilisierten Daseins.

* * *

Nachdem ich diese beiden Bücher gelesen hatte, bekam ich einen Eindruck von den Hoffnungen und den Tragödien, über die diese Männer schreiben, als ich einige Tage später die Ringstraße in Wien entlanglief. Die großartige Architektur dieser Stadt, die den jungen Adolf Hitler geprägt hatte, war beeindruckend, und als Tourist hätte ich an dieser Stelle über mein sprachloses Staunen geschrieben und darin den Ausdruck eines grandiosen Selbstvertrauens gesehen. Doch dank meiner »Reiseführer« blieb ich nicht auf die Touristengewohnheit beschränkt, alles für bare Münze zu nehmen. Mit Zweig, Schorske und den Secessionisten im Kopf konnte ich nachempfinden, dass diese Bauten zur Zeit ihrer Fertigstellung einschüchternd und deplatziert gewirkt haben mussten. Der große Bebauungsplan sollte eine Stadt erneuern, die nicht wusste, wohin sie ging, und daher Trost in der klassischen Architektur der Vergangenheit suchte. Die Kritik der Secessionisten leuchtet einem Fußgänger ein, der sich zwischen den ausladenden, unpersönlichen Bauten bewegt, die sich an den mächtigen Prachtstraßen entlangziehen und – wie in Paris – so gestaltet sind, dass sie dem Militär die Niederschlagung von Volksaufständen erleichtern.

In Wirklichkeit begann die tragische politische Zukunft Wiens sich bereits abzuzeichnen, als der Antisemit Karl Lueger 1897 Bürgermeister wurde. Luegers erfolgreiche politische Kampagne, in der er den Enthusiasmus der Mittelklasse (und der jüdischen Bevölkerung) für Kunst, Kultur und Handel als Beweis dafür hinstellte, dass sie kein Verständnis für die Bedürfnisse der Arbeiterklasse hätten, sollte später von Hitler übernommen werden.

Je mehr sich das Bürgertum mit Kultur beschäftigte, desto mehr politische Macht ging ihm verloren, und die Beunruhigung über die Massendemonstrationen tschechischer und slawischer Nationalisten, der Sozialisten und der antisemitischen Christlich-Sozialen Partei nahm zu. Auf einmal wurde mir Zweigs Abgesang auf Wien im Kontext seiner eigenen tragischen Rückschau – und letztlich auch sein Selbstmord – verständlich.

Wir wichen den Touristen aus, die in verschnörkelten Zweispännern herumgefahren wurden, und fanden einige der Cafés in der Innenstadt, in denen Zweig und seine Zeitgenossen gesessen und sich unterhalten hatten. Die meisten waren mittlerweile ziemlich touristisch, doch für einen Dreijährigen, der die bunt dekorierten Torten anstaunt, stellt das kein Problem dar. Klimts Gemälde »Der Kuss« befindet sich heute in einem Schloss im Süden der Stadt, dem Belvedere, das einst dem Erzherzog Franz Ferdinand gehörte, dessen Ermordung den Ersten Weltkrieg ausgelöst hatte. Wir gingen zu Fuß dorthin und schlenderten ziellos durch die prachtvollen Gartenanlagen, damit Wilf vorsichtig auf den von Hecken gesäumten Mauern balancieren konnte, bis er sich angriffslustig auf einen Taubenschwarm stürzte. Schließlich erreichten wir das Museum, und die Gemälde von Schiele und Klimt wirkten fehl am Platz in einem der Gebäude, gegen die die Künstler mit ihrer Arbeit protestiert hatten.

Ich will nicht behaupten, dass ich in diesen vier Tagen zu einem Wien-Experten geworden bin oder dass ich eine mystische Wahrheit entdeckt hätte, die mir ein Reiseführer nicht hätte enthüllen können. Ich will nur sagen, dass die beiden Bücher, die ich ausgewählt hatte, um mir einen Einblick in die Geschichte der Stadt zu verschaffen, es mir ermöglichten, sie durch mein eigenes Interesse und meine Neugier zu erschließen. Die einzige typische Sehenswürdigkeit, die wir uns ansahen, war Klimts »Kuss«. Wir hätten ein Vermögen für Opernkarten ausgeben können oder uns durch die sicherlich fantastischen Museen schleppen können, um das Wesen dieser Stadt zu erfassen, doch stattdessen machten wir eine Tour über die vielen Spielplätze, die Wilf uns aufgeregt aus dem Straßenbahnfenster zeigte, ließen uns treiben und von den Worten meiner beiden Stadtführer leiten. Keine Schuldgefühle, kein Versuch, möglichst viel aus unserem Aufenthalt herauszuholen – nur ein paar Tage, in denen wir uns umsahen und Bücher lasen, wenn Wilf eingeschlafen war.

Im Rückblick klingen meine Schlussfolgerungen vermutlich allzu simpel, aber ich habe einen klaren räumlichen Eindruck von Wien gewonnen. Ich erinnere mich gern daran, wie Wilf sich gegen das Fenster des Café Central lehnte und die exotischen Torten anstarrte, und wenn ich an Wien denke, denke ich nicht an seine tragische Geschichte oder seine verloren gegangene kulturelle Bedeutung. Oder an irgendein Museum, durch das ich mich aus falschem Pflichtgefühl geschleppt habe. Ich sehe den jungen Zweig vor mir, der für das ungenierte künstlerische Streben nach Humanität steht, und freue mich darüber, dass er mich durch die Stadt begleitet hat, in der er geboren wurde und die er liebte. Dadurch bekam auch Zweigs leidenschaftliches Plädoyer für den Wert des wahren Reisens den richtigen Kontext. Er wusste, was es heißt, seine Heimat zu verlieren, die für alle Reisende der Anker ist, auf den sie sich verlassen.

Für die Secessionisten war der moderne Mensch jemand, der »dazu verdammt war, sich sein eigenes Universum wieder neu zu erschaffen«, und dazu war Zweig ganz offensichtlich gezwungen. Dadurch wird die Vorstellung, dass sich das Reisen, wie das Lesen, grundsätzlich im Kopf abspielt, weiter untermauert. Meine beiden Reiseführer hatten außerdem noch etwas für sich. Indem ich das Konzept der Moderne und den Namen Sigmund Freud mit einem Ort wie dem Wien des Fin de Siècle zusammenbringen konnte, verstand ich auf einmal Dinge, die ich zuvor meist übersehen und nur ansatzweise begriffen hatte. Durch diese Straßen mit ihren unzugänglichen Bauten zu gehen brachte mir vor Augen, wie nötig die Moderne gewesen war, wie es keine Fernsehsendung, keine Schulstunde und kein Buch mir hätten vermitteln können. Ich beneidete die Secessionisten beinahe dafür, dass sie etwas so Imposantes wie die Ringstraße gehabt hatten, gegen das sie revoltieren konnten. Ich verließ Wien jedenfalls mit einem neuen Verständnis für alte Ideen, und das stellt zumindest für mich einen Zweck des Reisens dar.

* * *

An einem Samstagmorgen nahmen wir den Zug nach Belgrad, der über Budapest fuhr. Aus irgendeinem Grund hatte ich eine bange Vorahnung. Je tiefer man in den Osten Europas kommt, desto weniger prätentiös und umso zivilisierter werden die Züge – die stolzen Kellner in ihren Anzügen, die man überall antrifft, lassen die Servicekräfte in britischen Zügen schäbig aussehen. Die Rückenlehnen der Sitze waren niedrig, so dass mehr Licht in den Waggon fallen und alte Damen einem zulächeln konnten, auch wenn sie sicherlich Wilf meinten. Während sich am Himmel ein Schneesturm zusammenbraute, zeigte ich ihm zwei Hasen, die durch ein Feld neben der Bahntrasse liefen. Bald war die karge braune Landschaft ganz von Schnee bedeckt, doch der Zug rollte weiter.

Wir hielten an einem großen Bahnhof ohne Bahnsteig und warteten auf einen endlos langen Güterzug, der mit lauter identischen Containern beladen war, die vielleicht dazu bestimmt waren, in den Ausbeuterbetrieben des Ostens mit Frachtgut befüllt zu werden. Wenn man langsam reist, erhascht man einen Blick hinter die Kulissen der einzelnen Nationen. Während wir warteten, brach die Sonne durch die dichten schwarzen Wolken und ließ die Schneeflocken glitzern; Windböen wirbelten den Pulverschnee auf dem Boden im Kreis herum. Dann patrouillierten zwei aggressiv wirkende Polizisten den Zug entlang, und ich dachte an die alarmierten Reaktionen meiner schneller reisenden Freunde: »Du nimmst einen Dreijährigen mit auf eine Zugfahrt durch Ungarn und Tschechien? Im Ernst?« Die Männer fingen an, die Mitreisenden zu befragen, und ich bemerkte, dass sie unter ihren gesteppten Warnwesten, die sie ordentlich in ihre Gürtel gesteckt hatten, Waffen trugen. Dann fuhr der Zug wieder an, und die Polizisten durchsuchten gemeinsam die Toilette – sie blieben eine ganze Weile dort.

Dreijährige sind immens neugierig. Das liebe ich bei Kindern am meisten. Es ist, als wäre alles auf der Welt nur dazu da, damit sie Fragen stellen und es erforschen können, und natürlich stimmt das auch. Die Erwachsenen können solche einfachen Tatsachen nur nicht mehr erkennen. Es lohnt sich, mit einem Dreijährigen aus einem Zugfenster zu schauen und sich von ihm alles zeigen zu lassen anstatt umgekehrt. Auf der Strecke zwischen Wien und der ungarischen Grenze gibt es unzählige Windmühlen, und Wilf bestand darauf, sie »Mind Mills« (Geistesmühlen) zu nennen. Ich drängte ihn, es mir zu erklären, doch er winkte nur ab, holte Papier und Stifte heraus und begann die endlose Reihe von Verschlägen zu malen, in denen sich wahrscheinlich die Legebatterien von Hühnerfarmen befanden, die auf abgelegenen Feldern untergebracht waren. Es hatte aufgehört zu schneien, und er hielt einen Moment inne und fragte: »Warum ist alles so braun?« Es war Februar und er hatte recht. Die Landschaft lag wie unter einem braunen Schleier. Grün war Braun, Rot war Braun, Gelb war Braun, was die leuchtend gelben und blauen Häuser ungemein hübsch aussehen ließ.

Wenn man einmal mit einem Nachtzug gefahren ist, kommen einem alle anderen Zugfahrten im Vergleich dazu lächerlich kurz vor. Wir erreichten den Bahnhof von Budapest viel zu schnell und zogen Wollhandschuhe, Schals und Mützen an, bevor wir ausstiegen. Der müßige Reisende macht gelegentlich Fehler, und Budapest im Februar erwies sich als ein solcher. Einige Stunden später überquerten wir die Donau, der Wind war schneidend, und Wilf heulte, weil sein »Gesicht wehtat«. Also hielt ich ein Taxi an, und bald darauf machten wir es uns in unserem Hotelzimmer gemütlich, tranken heiße Schokolade und aßen Kalten Hund, während im Fernsehen eine ungarisch synchronisierte Folge von *Thomas, die kleine Lokomotive* lief.

Ich dachte, es wäre wärmer geworden, als wir uns am nächsten Morgen auf den Weg in das Széchenyi-Bad machten, das größte Thermalbad von Europa, das sogar eine eigene U-Bahn-Station hat. Die Temperatur lag bei zwei Grad unter null, aber wir würden dort sicherlich warme Handtücher und dicke Bademäntel bekommen. Ich bezahlte den Eintritt und betrat mit Wilf (Rachel war unterwegs, um Fotos für ihren Artikel zu machen) das dampfende Labyrinth. Wir zogen unsere Badehosen in einer der Umkleidekabinen an, die gleichzeitig auch unseren Spind enthielt. Ich gab meine kleine achteckige Marke dem Mann in dem nächsten Büdchen, er trug einen weißen Kittel, weiße Shorts, weiße Socken und gelbe Flip-Flops. Er gestikulierte wild, wohl um anzudeuten, dass es unklug sei, sich seine Nummer nicht zu merken. Wir hatten einen ziemlich konfusen Wortwechsel, weil die Nummer auf meiner Marke nicht der von unserer Umkleidekabine entsprach, doch schließlich bekam ich heraus, dass dahinter die Absicht stand, potenzielle Diebe zu verwirren. Er schien recht aufgebracht zu sein, doch ich beachtete es nicht weiter.

Wir betraten das grün gekachelte Gebäude und schauten uns nach dem Freibad um, in dem alte Männer von Dampf umhüllt Schach spielten. Es dauerte nicht lange, bis auch andere Leute mich wütend anstarrten, doch ich wusste immer noch nicht, warum. Nachdem wir etwas durchquert hatten, was wie ein baufälliges Gewächshaus aussah, kamen wir nach draußen – nur in unseren Badehosen, bei minus zwei Grad Celsius. Es schien das Vernünftigste zu sein, so schnell wie möglich in das Schwimmbecken mit den Schachspielern zu steigen, doch auf dem Weg dorthin – die Fliesen unter meinen Füßen waren so eisig, dass es wehtat – bemerkte ich, wie kalt es war. Ich hielt Wilf eng an mich gepresst und stieg langsam in das Becken. Nach leichtem Zittern und Zaudern erinnerte ich mich daran, dass ich der Erwachsene war, und wir sprangen hinein. Dabei lösten wir eine große Welle aus, die das Schachspiel zweier Männer in einigen Metern Entfernung ruinierte. Als ich es bemerkte, begann ich die allgemein gültigen Entschuldigungsgrimassen zu vollführen. Wilf begann zu schreien, weil das Wasser zu heiß war. Also kletterten wir wieder heraus und bemerkten erst dann, wie kalt es *tatsächlich* war. Er weinte Gott sei Dank nicht –wahrscheinlich waren seine Tränendrüsen eingefroren –, aber er zitterte am ganzen Körper, und seine Lippen waren blau. Eine Gruppe alter Damen fing an, mich anzuschreien, sie wollten vermutlich wissen, wo zum Teufel seine Mutter war.

Wir hatten es beinahe zurück in das dampfende warme Gebäude geschafft, als wir von einem Mann in einem weißen

Kittel, weißen Shorts, weißen Socken und grünen Flip-Flops angesprochen wurden, der augenscheinlich wissen wollte, warum wir das Badehaus barfuß betreten hatten. Fußwarzen scheinen international geächtet zu sein.

Nachdem ich eine weitere wortlose Entschuldigung übermittelt hatte, entdeckten wir im Inneren ein großes grünes Schwimmbecken, in dessen wirbelndem Wasser eigenartige blaue, hantelförmige Schwimmelemente herumtrieben. Wir drehten ein paar Runden, bis ich das Gefühl hatte, dass das Erlebnis kein völliges Desaster mehr war. Anschließend ging ich zurück zu dem Büdchen und erinnerte mich glücklicherweise an unsere Nummer, so dass wir unsere Kleider zurückbekamen, doch ich stellte fest, dass es keine Handtücher gab. Ich musste den zitternden Wilf an eine Heizung neben der Umkleidekabine stellen und uns beide mit meinem Hemd und meinem T-Shirt abtrocknen. Beim Hinausgehen kam ein anderer Mann aus einem anderen Büdchen, gab mir etwas Geld zurück und rief mir etwas zu, was ich ebenfalls nicht verstand.

* * *

An nächsten Tag fuhren wir wieder zum Bahnhof, um den Neun-Uhr-Zug nach Prag zu erreichen, die Fahrt würde sieben Stunden dauern. Glücklicherweise war es warm im Zug, und da es der Nachtzug nach Berlin auf seiner Rückfahrt war, hatten wir ihn ganz für uns allein. Es wäre gelogen, wenn ich behaupten würde, eine siebenstündige Zugfahrt mit einem Dreijährigen könnte nicht etwas anstrengend werden, aber langsames Reisen bedeutet ja, dass man über Unbequemlichkeiten hinwegsieht und alles auf etwas andere Weise betrachtet.

Damals machte Wilf noch einen zweistündigen Mittagsschlaf, also legte ich es darauf an, ihn müde zu machen, damit ich etwas Zeit für meinen nächsten Reiseführer hatte, es handelte sich dabei um John Keanes Buch über Václav Havel. Sie wären überrascht, was man alles tun kann, um ein kleines Kind zu unterhalten, wenn man dazu einen völlig leeren Zug zur Verfügung hat. Ich habe in meinem Leben buchstäblich Hunderte von Pfund für scheußliche kindgerechte Attraktionen ausgegeben, und keine hat Wilf mehr erfreut oder zum Lachen gebracht als unser Spiel in diesem Zug. Ich dachte mir für jeden Waggon etwas aus, was man tun musste, wenn man ihn erreichte, und so gingen wir durch den ganzen Zug. Der Waggon direkt hinter uns war der »Tanzwaggon«, und wir verbrachten eine ganze Weile darin. Eines der besten Dinge, die einem Dreijährigen, oder auch einem 33-Jährigen, passieren können, besteht darin, dass der 33-Jährige ohne ersichtlichen Grund anfängt zu tanzen. Ich habe keine Fotos davon, wie wir drei in dem Waggon herumsprangen, aber ich brauche sie auch gar nicht.

Danach kamen wir zum »Kopf-nach-unten-Waggon«, in dem kleine Kinder die ganze Zeit mit dem Kopf nach unten hängen mussten – Wilf liebte ihn besonders. Anschließend kamen der »Chips-und-Süßes-essen-Waggon« und der »Papa-schläft-ein-Waggon«, aber wir mussten ständig zurück in den »Tanzwaggon« und den »Vom-Sitz-springen-Waggon«. Als mir die Ideen ausgingen, war Wilf erschöpft, und ich schaute aus dem Fenster, während er in meinem Schoß einschlief.

Mein Reiseführer war als Biografie von Václav Havel ausgewiesen, tatsächlich war er jedoch viel mehr. Havels Lebensgeschichte begann in einer unabhängigen Republik. Als kleiner Junge erlebte er die deutsche Besatzung, bevor er 40 Jahre lang die totalitäre Herrschaft der Kommunisten erdulden musste. Doch dieser »moderne Mensch«, ein Autor und

Dramatiker, nutzte seine Persönlichkeit und seine Kreativität auf eine Weise, von der Zweig und seine Zeitgenossen nur träumen konnten, um zur Galionsfigur der samtenen Revolution von 1989 und zum Präsidenten der neuen Tschechischen Republik zu werden.

Bis ich Keanes Buch las, hatte ich geglaubt, ich sei so gut über die Gräuel des Zweiten Weltkriegs und die Taten der Nazis informiert, dass es für mich kaum mehr etwas geben könnte, das ich noch nicht wusste und das mich noch schockieren würde. Doch mein Reiseführer sollte mich eines Besseren belehren.

Havel kam 1936 in einer wohlhabenden Familie zur Welt. Er beschrieb sich selbst in seinen ersten Jahren als »verhätscheltes Kind der Bourgeoisie«, und man setzte viele Erwartungen in ihn. Doch 18 Monate später annektierte Hitler Österreich, und die Westmächte ließen ihn gewähren, in der Annahme, dass der »Führer« nur an der Wiedervereinigung deutschsprachiger Länder interessiert sei. Am 15. September 1938 hatte der britische Premierminister Neville Chamberlain eine Unterredung mit Hitler, der forderte, dass das Sudetenland von der Tschechoslowakei abgetrennt und Deutschland zugeschlagen werden sollte. Chamberlain entgegnete, er würde diese Forderung sorgfältig überdenken, doch am 23. September handelte Hitler und verkündete sowohl die Annektierung als auch die Evakuierung nicht-deutscher Bürger aus dem Sudetenland innerhalb einer Frist von fünf Tagen.

Als Havel fünf Jahre alt war, wurde Reinhard Heydrich als stellvertretender Reichsprotektor nach Prag entsandt, um das Kriegsrecht anzuwenden und der milden Behandlung, die die Tschechen in Hitlers Augen bislang erfahren hatten, ein Ende zu setzen. Hitler sagte über Heydrich, er habe ein »Herz aus Eisen«. Sobald Heydrich in Prag angekommen war, begann die Gestapo damit, Massenverhaftungen und standrechtliche Exekutionen vorzunehmen, um die Bevölkerung einzuschüchtern. Intellektuelle wurden angegriffen, Universitäten geschlossen, Studenten verhaftet und erschossen. Keane schreibt: »Die Essenz der totalitären Macht war der Terror – eine Angst, die Seele und Körper zerstörte, weil man annehmen musste, dass Tod und Zerstörung ... hinter jeder Ecke lauerten.« Die Massaker an Juden und Roma hatten begonnen, sie kamen in Konzentrationslager oder wurden im Wald in Massengräbern verscharrt.

Die Tschechen befürchteten, sie könnten die Nächsten sein, doch Heydrich hatte etwas anderes mit ihnen vor. Während diejenigen, die nicht dem deutschen Ideal entsprachen oder unerwünscht waren, tatsächlich liquidiert wurden, sollte der Rest zu Deutschen werden. 1941 hielt Hitler eine Rede, in der er darlegte, wie die Auslöschung dieser Nation vonstattengehen sollte. Innerhalb von 20 Jahren sollte die tschechische Sprache auf »einen Dialekt reduziert« werden. Er wollte ihre Nationalität vernichten, indem er ihre Sprache zerstörte, und Heydrich, der später als der »Schlächter von Prag« bezeichnet wurde, war der richtige Mann dafür.

Ich starrte aus dem Fenster, um diesen Gedanken zu verdauen. Wir waren mittlerweile in der Slowakei und fuhren durch Waldgebiet; ich sah kleine Gruppen von Männern, vermutlich Landstreicher, die sich an Feuern neben der Bahntrasse wärmten. Wilf schnarchte in meinem Schoß, und Rachel hatte sich auf einer langen Sitzbank aus rotem Plüsch zusammengerollt. Wir kamen beinahe zum Stehen, als hätte der Zug einen Stromausfall, und ich sah zu, wie die zerlumpten Männer selbst gebrannten Schnaps aus grünen Flaschen tranken, sie unterhielten sich dabei und lachten. Dann nahm der Zug wieder Fahrt auf.

Ich wandte mich erneut meinem Buch zu. Hitler hatte

also vorgehabt, die tschechische Sprache auszurotten. Warum? Weil er wusste, dass die Menschen dadurch endgültig von den singulären Begriffen und Vorstellungen abgeschnitten wären, die ihre Sprache beinhaltete, und damit die Verbindung zu ihren Vorvätern, ihren Mythen, ihrer Geschichte zerstört wäre, die auf komplexe Art und Weise definierten, wer und was sie waren. Hitler wusste, wenn er sie dazu zwang, Deutsch zu sprechen, würde er buchstäblich dazu in der Lage sein – indem er die Sprache durch Propaganda kontrollierte –, der tschechischen Bevölkerung die Fähigkeit zum Denken zu nehmen. Innerhalb weniger Generationen hätte er sein Ziel erreicht, und die tschechische Identität wäre nur noch eine Erinnerung und im schlimmsten Fall gar nicht mehr vorhanden. Wahrscheinlich hatte er vor, dieses Prinzip auf alle europäischen Nationen im zukünftigen »Vierten Reich« anzuwenden. Stefan Zweig war noch am Leben, als Hitler diese Rede hielt, und ihm muss deutlich bewusst gewesen sein, was sich dahinter verbarg.

Bald fuhren wir durch die Hügellandschaft der heutigen Tschechischen Republik. Die Flüsse waren zugefroren, doch als wir in tiefer liegendes Gebiet kamen, bemerkte ich einige tapfere Angler an den Ufern, die ihre Köder an den wenigen Stellen ausgeworfen hatten, wo das Wasser noch nicht vereist war. Die Farbpalette begann sich zu verändern, und gelegentlich sah ich ein Orange oder helles Gelb zwischen den monotonen Grün- und Brauntönen aufblitzen. Wir fuhren zwischen großen weißen Gebäuden und Kirchen mit türkisfarbenen Türmen und kleinen Kuppeln hindurch – die bewaldeten, farbig betupften Hügel geleiteten uns nach Böhmen. Als Wilf und Rachel eine halbe Stunde später aufwachten, wusste ich, dass es in Prag eine »Sehenswürdigkeit« gab, die ich unbedingt besuchen wollte.

Am nächsten Morgen machten wir uns auf, um die kleine, eher unscheinbare Kirche St. Kyrill und Methodius zu suchen, die in der Nähe der Wohnung liegt, die einst Havels Familie gehörte. Die Kirche lag versteckt in einer Seitenstraße, weit weg von der Karlsbrücke und dem Prager Schloss, und wir liefen durch eine Wohngegend und entfernten uns immer mehr von den Hauptgeschäftsstraßen. Im hinteren Teil einer Straße entdeckte ich über einer grauen Tafel einige kleine Löcher über einem länglichen Schlitz in einer Wand, der wie ein Briefkasten aussah. Das war der Ort, nach dem wir gesucht hatten.

Die Löcher stammten von den Kugeln, die die 700 SS-Männer abgefeuert hatten, als sie einen Tag und eine Nacht lang versucht hatten, die tschechischen Soldaten und Widerstandskämpfer zu töten, die im Sommer 1942 ein erfolgreiches Attentat auf Reinhard Heydrich verübt hatten. Es war der letzte Akt der »Operation Anthropoid«, ein riskanter Plan, den die tschechische Exilregierung und das Special Operations Executive, eine britische nachrichtendienstliche Spezialeinheit (die 1940 von Winston Churchill gegründet worden war und für Spionage, Sabotage und Aufklärung zuständig war), gemeinsam entwickelt hatten. Die Tschechen Jozef Gabèík und Jan Kubiš waren zusammen mit sieben weiteren Soldaten, unter denen sich auch Karel Èurda befand, mit dem Fallschirm über der Tschechoslowakei abgesprungen und nach Prag gelangt, wo sie zu den Widerstandskämpfern stießen. Am 27. Mai stoppten sie Heydrichs Wagen auf dem Weg zum Prager Schloss. Gabèík stand auf und eröffnete das Feuer, doch seine Waffe hatte eine Ladehemmung, woraufhin Kubiš eine Handgranate warf, die neben dem Auto landete und explodierte. Der anscheinend unverletzte Heydrich schoss zurück und nahm die Verfolgung auf, bevor er zusammenbrach. In der Annahme, dass der Anschlag gescheitert war, rannten die Attentäter davon. Heydrich starb erst eine Woche später an seinen Verletzungen, doch inzwischen waren die Ermittlungen zügig vonstattengegangen, und die Vergeltungsmaßnahmen waren grausam. Èurda verriet das Versteck der Attentäter in der Krypta gegen eine Belohnung von einer halben Million Reichsmark, und die Nazis fielen in die Kirche ein, entschlossen, an den Tschechen, die es gewagt hatten, sich gegen sie aufzulehnen, ein Exempel zu statuieren.

Heute kann man in die Krypta hinuntersteigen und sich eine kleine Fotoausstellung ansehen, die von der Operation und ihren Folgen erzählt. Die Anzahl der Menschen, die von den Nazis aus Rache für Heydrich getötet wurden, beläuft sich auf 3000 bis 5000. Das schlimmste Massaker fand im Dorf Lidice statt, das dem Erdboden gleichgemacht wurde, nachdem die Ermittlungen angeblich »bewiesen« hatten, dass die Attentäter dort Zuflucht gefunden hatten. Alle 199 männlichen Einwohner des Dorfes wurden exekutiert und fast 300 Frauen und Kinder in die Konzentrationslager verschleppt.

In der hinteren Wand der Krypta kann man das Loch sehen, durch das die Männer in ihrer Verzweiflung versuchten, in die städtische Kanalisation und somit in die Freiheit zu gelangen. Sie arbeiteten die ganze Nacht daran, während die SS-Soldaten sie mit Gewehrfeuer, Gas und Granaten bombardierten und schließlich die Kirche unter Wasser setzten. Früh am nächsten Morgen vernahmen die SS-Männer zwei Schüsse, dann war alles still. Als ihre Munition aufgebraucht war, hatten die beiden Überlebenden – Kubiš und Gabèík – ihre letzten zwei Kugeln dazu verwendet, sich selbst zu erschießen. Später stellte sich heraus, dass sie nur noch 30 Zentimeter gebraucht hätten, um die Wand zu durchbrechen und flüchten zu können. Die Vergeltungsmaßnahmen waren derartig grausam gewesen, dass die Operation kaum als Erfolg gelten konnte, doch die Ermordung des höchstrangigen Nazioffiziers, der während des gesamten Krieges getötet wurde, wirkte sich auf die Moral der Alliierten aus. Nach dem Krieg unternahm Èurda einen erfolglosen Selbstmordversuch, 1947 wurde er in Prag wegen Hochverrats gehängt.

Wie ich in der Krypta zwischen diesen Fotografien stehe, ist eine der Reiseerinnerungen, die mir immer wieder in den Sinn kommt. Wir verließen diesen Ort niedergeschlagen, waren aber gleichzeitig froh, dass wir über die Geschichte dieser Männer gestolpert waren, die davon erzählt, wie viel Mut die Menschen auch in ausweglosen Situationen noch an den Tag legen können.

* * *

Drei Jahre nachdem die Nazis besiegt worden waren, fiel die Tschechoslowakei einem von Stalin unterstützten kommunistischen Putsch zum Opfer und wurde Teil des Ostblocks. Václav Havel war damals zwölf Jahre alt. Es folgten 41 Jahre Diktatur, doch schließlich gelang es ihm, als freier, demokratisch gewählter Präsident der Tschechischen Republik daraus hervorzugehen. Zuvor hatte er den Mut aufgebracht, geheime Aufführungen von Theaterstücken zu inszenieren, von denen er einige selbst verfasst hatte. Auch er wusste um den Wert von Sprache und Ideen und wollte nicht zulassen, dass die Stimme seiner Nation unterdrückt wurde. Außerdem war er Mitverfasser der Charta 77, die 1977 veröffentlicht wurde, ein Manifest, das sich für Veränderung aussprach und von der Regierung verboten wurde, die Urheber wurden als »Verräter und Renegaten« bezeichnet, und anschließend wurden die bekanntesten Unterzeichner, unter ihnen auch Havel, für fünf Jahre ins Gefängnis geschickt.

Nach seiner Entlassung engagierte sich Havel in aller Öffentlichkeit, und nachdem die Berliner Mauer am 9. November 1989 gefallen war, war auch das tschechische Volk bereit, auf die Straße zu gehen. Theater und Büchereien wurden zu Horten der Demokratie, in denen sich Diskussionsforen bildeten. Die Bühnen wurden dem Publikum übergeben und dazu benutzt, öffentliche Versammlungen abzuhalten. Schauspieler und Studenten streikten und demonstrierten. In den letzten Tagen der Revolution setzten die Büchereien die Zensurbestimmungen außer Kraft, indem sie verbotene regimekritische Bücher freigaben. Es wurden Massenstreiks organisiert, und bis zu 800 000 Menschen versammelten sich, um auf den Straßen zu demonstrieren. Schließlich zwang die unblutige, samtene (oder auch »sanfte«, wie die Slowaken sie nennen) Revolution die kommunistische Regierung zum Rücktritt, und Havel wurde am 29. Dezember 1989 zum Präsidenten ernannt. Zweig wäre begeistert gewesen.

Wir fanden einige der Theater und stiegen auf den Laurenziberg, wo der junge Havel und seine Mitstreiter über ihre Hoffnungen und Träume für die Zukunft diskutiert hatten. Ich blickte hinunter auf die Stadt, und obwohl ich wusste, dass ich nur einen winzigen Bruchteil ihrer jüngeren Geschichte erforscht hatte, hatte ich das Gefühl, ich könnte das Leid, die Stärke und den Stolz spüren, die in diesen kopfsteingepflasterten Straßen in der Luft lagen. Im Zug nach London wusste ich, dass diese Reise meine vorgefasste Meinung über Osteuropa verändert hatte. Meine Reiseführer hatten mir dabei geholfen, Zugang zu neuen Einsichten zu finden, die mir noch lange erhalten bleiben würden, wenn ich wieder zu Hause war.

* * *

Ich dachte daran, wie Wilf, Rachel und ich auf den Laurenziberg gewandert waren, als ich in den Nachrichten hörte, dass Havel am 18. Dezember 2011 gestorben war. Die Nachrufe befassten sich mehr mit seinem politischen Leben als mit dem Autor Havel und suggerierten, dass er sich kaum über die Entscheidungen bewusst gewesen war, die ihn dazu gebracht hatten, eine so maßgebliche Rolle für seine Nation zu übernehmen. Es war, als hätte er sich auf seiner Lebensreise von einem instinktiven Kompass leiten lassen. Dann stieß ich auf ein Zitat von Havel, das bestätigte, dass er ein Mann war, der einfach seinem Instinkt gefolgt war. Während seiner Haft schrieb er über seine Entscheidung, öffentlich als Mitautor der Charta 77 aufzutreten: »Wir hatten niemals beschlossen, dass wir ins Gefängnis gehen würden. Tatsächlich hatten wir niemals beschlossen, Dissidenten zu werden ... Wir waren hingegangen und hatten bestimmte Dinge getan, zu denen wir uns verpflichtet fühlten und die uns vernünftig erschienen, nicht mehr und nicht weniger.«

Zufällig stieß ich auf ein Gedicht von einem Zeitgenossen Havels – dem tschechischen Dichter Miroslav Holub –, während ich die Artikel über Havels Tod las. Ich habe den Verdacht, dass es von ihm handeln könnte, und wie der Zufall es will, beinhaltet es auch einige meiner Gedanken über Reiseführer, die so zutreffend formuliert sind, wie es nur ein wahrer Poet kann. Das Gedicht heißt »Kurze Gedanken über Landkarten« und erschien am 4. Februar 1977 im *Times Literary Supplement* – einen Monat nachdem Havel und seine Mitstreiter die Charta 77 herausgegeben hatten.

Der junge Leutnant eines kleinen ungarischen Kommandos in den Alpen entsendet einen Aufklärungstrupp in die eisige Einöde.

Es begann zu schneien
augenblicklich,
schneite drei Tage lang, und die Einheit
kam nicht zurück.
Der Leutnant litt:
Er hatte seine eigenen Leute
in den Tod geschickt.
Doch am dritten Tag kehrte die Einheit zurück.
Wo waren sie gewesen? Wie hatten sie ihren Weg
 gefunden?
Ja, sagten sie, wir hielten uns für verloren
und warteten auf das Ende. Und dann fand einer von
 uns
eine Karte in seiner Tasche. Das beruhigte uns.
Wir schlugen ein Lager auf, warteten den
 Schneesturm ab, und dann,
mit der Karte,
fanden wir unseren Weg.
Und hier sind wir.

Der Leutnant ließ sich diese bemerkenswerte Karte
 geben
und sah sie sich gründlich an. Es war keine Karte der
 Alpen,
sondern der Pyrenäen.

Kapitel 4
Heiße Katastrophen willkommen

Eine Unannehmlichkeit ist ein fälschlich betrachtetes Abenteuer. Ein Abenteuer ist nur eine Unannehmlichkeit ins rechte Licht gerückt.

G. K. Chesterton,
»On Running After One's Hat«, 1908

Auf den ersten Seiten von *In Patagonien* erinnert sich Bruce Chatwin an ein Schränkchen im Haus seiner Großmutter, das ein kleines Stück Haut mit Büscheln roten Haars enthielt und angeblich von einem Brontosaurus stammte. Der Cousin seiner Großmutter, Charley Milward, hatte den konservierten Kadaver in einer Höhle in Patagonien entdeckt und ihn auf dem Seeweg zum Britischen Museum geschafft, wo er näher untersucht werden sollte. Unglücklicherweise verfaulte er auf dem Schiff, doch das kleine Stück, das er seiner Cousine mit der Post schickte, blieb erhalten. Als Kind entwickelte Chatwin eine Faszination für dieses Stück Haut und für Südamerika. Letzteres lag weit entfernt von dem zu Hause seiner Kindheit, und in seiner Vorstellung bevölkerte er es mit fantastischen Monstern. Als er vierunddreißig war, gelangte er endlich »ans Ende der Welt«, und das Buch handelt von seiner Suche nach dem Ort, an dem die konservierte Dinosaurierhaut gefunden worden war. Es stellte sich heraus, dass der »Brontosaurus« eigentlich ein Riesenfaultier gewesen war, doch das Monster war sicherlich der Köder gewesen, der den Jungen dazu verlockt hatte, eine Landschaft zu durchwandern und zu bestaunen, mit der er sich als Mann einen Namen machen sollte.

Wir alle haben Orte, die wir »eines Tages« besuchen wollen, an einem ungewissen Zeitpunkt in der Zukunft. So wie Chatwin machen sich viele von uns auf die Suche nach einer ganz bestimmten Verlockung oder lassen sich von ihr inspirieren, nur um zu erleben, dass sich der eigentliche Zweck unserer Suche erst herausstellt, nachdem wir uns haben verführen lassen. In meinem Fall handelte es sich nicht um ein Stück Dinosaurierhaut, sondern um die Feder eines Goldadlers, die an der Wand meines Schlafzimmers befestigt war, ein Souvenir, das mir ein Falkner gegeben hatte, dem ich vor einigen Jahren in Schottland begegnet war. Er hatte mir gestattet, den Goldadler, von dem die Feder stammte, für einen Moment auf meiner Faust zu halten – einer der Momente, in dem sich meine Zeitwahrnehmung zu verändern begann. »Fantastisch« ist ein Wort, das ich häufig benutze, doch in diesem Fall gewann es seine eigentliche Bedeutung zurück. Egal wie oft einem gesagt wird, dass ein Raubvogel niemals seinen Schnabel benutzt, um anzugreifen – er greift seine Beute mit den Krallen –, wenn man einen Goldadler auf seiner Faust sitzen hat und sein Schnabel nur wenige Zentimeter von der eigenen Nase entfernt ist, ziehen sich einem unwillkürlich die Eingeweide zusammen. In seinen lebhaften gelben Augen, die von meinem Gesicht zum Himmel und wieder zurück zuckten und sich beunruhigenderweise auf meine linke Wange richteten, ließ sich kein Anzeichen von Bewusstsein ausmachen.

Das immense Gewicht des Adlers ermüdete meinen Arm, und da er spürte, dass seine Sitzstange nachgeben würde, breitete er langsam seine Flügel aus, um das Gleichgewicht zu halten; die Spanne aus braunen und weißen Federn erstreckte sich weiter über mich hinaus, als ich mit einer Kopfdrehung sehen konnte. In diesem Moment fühlte ich mich vollkommen hilflos – in nächster Nähe eines so majestätischen, wilden Geschöpfs zu sein war faszinierend und angsteinflößend zugleich. Wie ich bereits seit langem ahnte, können Adler einem nicht nur einen seltenen Einblick in die Welt der Natur vermitteln, sondern auch eine ganz neue Sicht auf die eigene Innenwelt.

Der Mensch ist seit Jahrtausenden von Greifvögeln fasziniert, und die Falknerei ist sicherlich der ultimative Ausdruck davon. Raubvögel (wie Adler, die ihre Beute auf dem Land und zu Wasser jagen) und Falken (die gewöhnlich in der Luft jagen) sind im Allgemeinen eher träge, was ein weiterer Grund dafür sein könnte, dass sie mir so gut gefallen. Ihr Motto lautet vermutlich: »Minimaler Aufwand, maximale Wirkung.« Haben sie eine potenzielle Beute ausgemacht, dann können sie instinktiv berechnen, ob der Aufwand, die Beute zu erjagen, die Anstrengung lohnt. Ich bin mit Wüstenbussarden auf der Jagd gewesen, und sie drehen ihre Schnäbel nach oben, wenn eine Wühlmaus ihnen zu mickrig vorkommt oder ein dickes Kaninchen zu weit entfernt ist. Wenn sie die Beute erlegt haben, gibt ihnen der Falkner etwas Futter (was für den Vogel verträglicher ist, da es nicht lebendig ist und daher kein Risiko besteht, dass er sich verletzt). Dann steckt der Falkner die Beute in seine Tasche, um sie selbst zu essen oder dem Falken zu geben, wenn er nach Hause kommt.

Der früheste bekannte Beleg für die Falknerei stammt aus der Zeit um 700 v. Chr., und das erforderliche Training und die nötige Ausrüstung sind seither nahezu unverändert geblieben. Der Sport stammt vermutlich aus China und verbreitete sich westwärts über die asiatischen Wüsten, den Mittleren Osten und Afrika, bevor er auch in Europa Fuß fasste. Die Falknerei wird in den Schriften der arabischen Astronomen, in der altsächsischen Dichtung, in den alten Legenden der japanischen Samurai und natürlich in unseren englischen Sagen von den Rittern der Tafelrunde erwähnt. In den Bergen von Kasachstan findet man noch heute Männer, die mit ihren Söhnen zu Pferd auf die Jagd nach Füchsen und kleinem Rotwild gehen und dabei einen Goldadler auf ihrer Faust tragen. Wenn die Jungen 16 Jahre alt sind, werden sie an einem Seil zu einem Adlerhorst auf einem Felsvorsprung hinabgelassen, um einen jungen Adler zu stehlen. Er wird sechs Monate lang in seinen natürlichen Fähigkeiten trainiert und ist in den darauffolgenden neun Jahren ihr Begleiter. Danach wird er wieder in die Wildnis entlassen, wo er noch weitere 20 Jahre lang leben kann (in Gefangenschaft kann er allerdings bis zu 80 Jahre alt werden).

Die Falknerei wird häufig mit anderen Jagdsportarten in einen Topf geworfen, aber auf mich wirkt sie so faszinierend, weil man ein vollkommen natürliches, wildes Verhalten aus der Nähe betrachten kann und die eigene Wahrnehmung sich verlangsamt, wenn man sich von dem Instinkt des Vogels leiten lässt. Innerhalb weniger Stunden beginnt man, auf kleine Säugetiere im Unterholz aufmerksam zu werden, durch das man sonst einfach hindurchstolpert. Außerdem ist es eine Beziehung auf Augenhöhe. Greifvögel bleiben nur so lange bei einem Falkner, wie er sich als effizientere Futterquelle erweist als die Wildnis. »Schlechte« Falkner müssen häufig erleben, dass ihre teuren Vögel ihnen einfach davonfliegen.

Obwohl ich bereits Erfahrungen mit allen möglichen Greifvögeln gemacht habe, hatte ich bis vor kurzem noch niemals Adler in ihrer natürlichen Umgebung beobachtet. Immer wenn ich die Feder an der Wand betrachtete, war mir deutlich bewusst, dass ich die Adler nie als Herrscher über ihr eigenes Reich gesehen hatte. Ich glaube, ich finde sie deshalb so faszinierend, weil sie nicht exotisch sind wie die Tiere, die in der afrikanischen Savanne herumlaufen, sondern eine lebendige Manifestation des alten England. Sie repräsentieren einen Teil meiner selbst, von dem ich zwar wusste, dass er existierte, den ich aber nie näher erkundet habe.

Statistisch gesehen ist Großbritannien sowohl geologisch als auch klimatisch eine ganz durchschnittliche Insel. Das erklärt vermutlich, warum wir in anderen Ländern vor allem auf der Suche nach eindrucksvollen Landschaften und besserem Wetter sind. Doch was Adler betrifft, zählen wir zur weltweiten Spitzenklasse. Die schottische Insel Mull weist die größte Adlerpopulation in ganz Europa auf, und obwohl sie nicht ganz so schwierig zu erreichen ist wie Patagonien, brauchten mein Begleiter Kevin Parr und ich mit Zug, Bus und Fähre doppelt so lange, um dorthin zu gelangen, wie ein Flug von London nach Buenos Aires gedauert hätte. Das mag vielleicht nach einem absoluten Albtraum klingen, doch für den müßigen Reisenden bedeutet es, dass die Reise von London nach Mull per Zug, Bus und Fähre ein größeres Bravourstück in Selbsterforschung ist, als ein Flugzeug nach Südamerika zu nehmen. Beim langsamen Reisen geht es schließlich nicht um Tempo und Entfernungen – sondern um Reflexion und Tiefgang.

Im Gedenken an Chatwin fragte ich meinen alten Freund Kev, der ebenfalls ein Greifvogelfan ist, ob er mich begleiten würde, um einen Goldadler in seiner natürlichen Umgebung aufzuspüren. Wie sind bereits mehrmals gemeinsam unterwegs gewesen, um ungewöhnliche Vögel zu beobachten, die in England landen, weil sie sich während des Vogelzugs verflogen haben. Einmal sind wir vor Sonnenaufgang sechs Stunden auf gut Glück durch Cornwall gefahren, um eine verirrte Schneeeule zu sehen (die erste wild lebende, die in Großbritannien seit 1957 dokumentiert wurde). Es hat etwas Tröstliches, dass die Natur sich auch gelegentlich irrt.

Kev hatte gerade frei und schlug sofort vor, dass wir auf die Insel Mull fahren sollten. Als ich den Hörer auflegte, hatten wir beschlossen, am Dienstagabend in den Nachtzug von London nach Glasgow zu steigen, am nächsten Morgen die dreistündige Zugfahrt nach Oban anzutreten und anschließend die Fähre nach Craignure auf Mull zu nehmen. Bei unserer Ankunft würde es schon dunkel sein, aber wir hätten den ganzen Samstag Zeit, auf die Suche nach Adlern zu gehen, bevor wir am Sonntag zurückfahren müssten. Es war zwar Dezember und würde nur acht Stunden lang hell sein, doch das war Absicht. Weniger Licht bedeutete auch weniger Touristen. Ich würde am Montag um sieben Uhr früh wieder in London sein und könnte direkt zur Arbeit gehen.

Die Aussicht, dass ich endlich Adler in freier Wildbahn sehen würde, erfüllte mich mit nervöser Vorfreude, obwohl sich bald herausstellte, dass wir schon sehr viel Glück bräuchten, um überhaupt einen zu entdecken. Abgesehen von den Adlern freute ich mich auch darauf, Zeit mit einem alten Freund zu verbringen. Ich hatte Kev schon beinahe ein Jahr nicht mehr getroffen, und das letzte Mal hatten wir nur ein paar Worte bei einem Bier vor und nach einem Fußballspiel gewechselt. Unser ganzes Leben lang hat er mich mit seinen Kindheitserinnerungen an Ferien auf Mull und unzähligen Adlergeschichten unterhalten, und endlich war ich selbst auf dem Weg dorthin.

In London musste ich einige Meetings absolvieren und eine Feier mitorganisieren, als er anrief, um mir zu sagen, dass unser Trip vielleicht nicht ganz nach Plan verlaufen würde. Er kicherte in den Hörer.

»Hast du den Wetterbericht gehört?«

»Äh, nein«, antwortete ich. »War zu beschäftigt mit der Feier. Wann kommst du an?«

Kev unterdrückte ein Lachen. »Ich bin im Zug und etwa in einer Stunde in Paddington, aber das Wetter in Schottland ...« Er hielt inne. »In den Nachrichten haben sie gesagt, es sei der schlimmste Sturm, der jemals aufgezeichnet wurde. Die Windgeschwindigkeit liegt bei 265 km/h, was einem Orkan der Kategorie 5 entspricht. Sie haben eine Unwetterwarnung herausgegeben und empfohlen, *alle* Reisen zu stornieren.«

»Ach« war alles, was ich herausbrachte.

Er lachte noch etwas mehr. »*Und* in Oban und Mull gibt es keinen Strom, und die Fähren fallen aus. Schätzungsweise haben über 60 000 Menschen nördlich von Glasgow keinen Strom.«

Überrascht, aber nicht sonderlich beeindruckt fragte ich, ob der Schlafwagen trotzdem von London abfahren würde.

»Ja, anscheinend schon. Bis nach Glasgow sollten wir noch kommen.«

Eine Stunde später trafen wir uns in einem Pub in Soho, und bald amüsierten wir uns über unser lächerliches Vorhaben, aber keiner von uns dachte daran, den Trip abzublasen. Kev und ich hatten uns vor über 20 Jahren in der Schule kennengelernt. Es war eine Freundschaft, wie man sie nur in einem Alter schließen kann, in dem man hauptsächlich durch seine Träume, die Musik, die man hört, und die Mädchen, die man unbedingt küssen will, geprägt wird. Wie es im Leben so geht, sahen wir uns nur noch selten, nachdem Kinder und Verpflichtungen dazugekommen waren, doch wenn wir uns trafen, warfen wir uns nie gegenseitig vor, dass es in der Zwischenzeit keine Anrufe, E-Mails oder Geburtstagskarten gegeben hatte. Unsere Freundschaft spielte sich auf einer fundamentaleren Ebene ab.

Wir gingen auf die Feier, die herrlich surreal war – eine Mischung aus Popstars aus den Achtzigern und den Buchhaltern, Anwälten und Bauunternehmern, zu denen ihre Zeitgenossen inzwischen geworden waren. Die Ankündigung, dass wir heute noch aufbrechen würden, um Adler zu beobachten, wurde mit aufgerissenen Augen und der spontanen Bitte, doch mitkommen zu dürfen, begrüßt. Einige Stunden später machten wir uns vom Alkohol auf leeren Magen befeuert auf die Suche nach einem Taxi, das uns zu unseren Betten und zum nächsten Abschnitt unserer Reise im First-ScotRail-Schlafwagen von Euston nach Glasgow bringen würde.

Die Nachtzüge fahren jeden Tag, ausgenommen Samstag, direkt von London nach Glasgow, Edinburgh, Aberdeen, Inverness und Fort William. Wir würden Glasgow in etwa sieben Stunden erreichen. Vor einigen Jahren habe ich eine ähnliche Fahrt nach Inverness unternommen, um herauszufinden, ob man die Nordküste von Schottland mit öffentlichen Verkehrsmitteln abfahren kann. Es ist weitgehend möglich. Vom Bahnhof von Thurso kann man umsonst per Taxi nach John o'Groats und zurück fahren und dann den Postbus von Thurso bis hinauf nach Tongue nehmen. Der Postbus ist eigentlich ein Minibus, mit dem der Postbote seine Lieferungen ausfährt, und er nimmt einen für weniger als einen Fünfer mit. Die Postbusrouten verlaufen durch die gesamten Highlands und fungieren für Einheimische und Wanderer als unverzichtbares Bindeglied zwischen den abgelegenen Städten und Dörfern. Im Schlafwagen nach Inverness wacht man morgens auf, wenn der Zug sich gerade seinen Weg durch die Cairngorms bahnt, und das ist eine der besten Arten, den neuen Tag zu begrüßen, die ich jemals erlebt habe. Der schönste Teil unserer Reise die Westküste hinauf würde die Strecke von Glasgow nach Oban sein. Viele Leute fahren tagsüber nach Oban, nur um unterwegs die Landschaft zu genießen.

Es dauerte 20 hektische Minuten, bis wir auf der Shaftesbury Avenue ein Taxi fanden. Als wir endlich eins heranwinken konnten, hatten wir nur noch eine Viertelstunde bis zur Abfahrt des Zugs von Euston. Weil wir beide seit unserer Kindheit Fans von *Der Herr der Ringe* sind, witzelte Kev, dass wir dazu bestimmt seien, die Triumphe und Desaster von Frodo und Sam auf ihrer Reise durch Mordor nachzuerleben, und die Bar im Speisewagen würde unser Bruchtal sein.

Wir rannten wie verrückt und erreichten den Zug kurz vor der fahrplanmäßigen Abfahrtszeit, nur um zu erfahren, dass sich die Abfahrt um mindestens eine Stunde verzögern würde. Wir fanden einen Platz an der Bar im Speisewagen und machten uns freudig daran, die Wanderkarte Nr. 375 für Mull auszubreiten, die ich mitgebracht hatte. Es gab eine einzige Hauptstraße, die den größten Teil der Insel umrundete, und einige kleinere Wanderwege, die hier und da von ihr abzweigten, doch der Großteil der Insel erwies sich als unwegsam, sogar zu Fuß, weil er hauptsächlich aus Sumpf und Marschland bestand. Ich starrte aufgeregt auf die Karte, aber ich fand nichts, was sie für mich lebendig machte, außer meiner Fantasie. Kev betrachtete sie mit dem wissenden Lächeln, das ich schon so oft auf seinem Gesicht gesehen hatte. Nach ein paar Gläsern Deuchars-IPA-Bier kletterten wir kichernd in unsere Kojen und ließen uns auf die weichen, mit einer Daunendecke und dicken Wolldecken bestückten Betten fallen. Wenn man wie ich dazu gezwungen ist, mehrmals in der Woche zu pendeln, ist die Vorstellung, sich in einem Zug ins Bett zu legen und richtigen Schlaf zu finden, anstatt nur vor sich hin zu dämmern und dabei zu riskieren, seine Station zu verpassen, vielleicht der großartigste, trunkenste

Luxus, den man sich vorstellen kann. Ich schlief sofort ein und träumte von Adlern.

Inzwischen tobte das Unwetter weiter über Schottland. Die Winde mit einer Geschwindigkeit von 265 km/h hatten die Cairngorms erreicht, und ein Windgenerator in Ayrshire war explodiert und hatte Feuer gefangen. Stadtzentren waren abgesperrt worden, um die Menschen von herabfallenden Trümmern zu schützen, und der wütende Sturm hatte einige Sattelschlepper umgekippt. Als unser Zug um acht Uhr morgens in Glasgow eintraf, waren alle Verbindungen in den Norden von Schottland gestrichen worden. Diese Information hatte uns noch nicht erreicht, als wir mit Verspätung am Bahnhof von Glasgow ankamen und verzweifelt nach einem Taxi suchten, das uns zu unserem Anschlusszug bringen würde, der um 8.21 Uhr von Glasgow Queen Street abfahren sollte. Die Bahnhofshalle war voller gestrandeter Reisender, die sich in unterschiedlichen Zuständen der Frustration befanden. Unsere einzige Hoffnung, doch noch nach Oban zu gelangen, war ein Bus, den die Bahn bereitstellen wollte, falls die Straßen befahrbar waren. Alle Reisenden nach Oban wurden in einem Wartesaal versammelt und umsonst mit Tee und Kaffee versorgt. Kev sah mittlerweile etwas grummelig aus. Obwohl er dazu bereit war, sich auf die Methode des langsamen Reisens einzulassen, wusste ich, dass ihm im Auto schlecht wird, wenn er nicht selbst am Steuer sitzt, und die Aussicht, drei Stunden in einem Bus zu verbringen, bereitete ihm offensichtlich Sorgen. Ich schlug vor, stattdessen am nächsten Flughafen ein Auto zu mieten, und seine Miene hellte sich für einen Moment auf.

»Nein, das kostet uns ein Vermögen, und wir können es nicht mit auf die Fähre nach Mull nehmen, dazu muss man vorher reservieren.« Er ging weg und kaufte mehrere Flaschen Wasser und Energydrinks, bevor er mir eröffnete, dass er auf unserer nächsten Reiseetappe kein besonders guter Begleiter sein würde. »Ich stehe das nur durch, ohne zu kotzen, wenn ich mich ans Fenster setze und versuche zu schlafen. Am besten sprichst du gar nicht mir mir.«

Kev litt vor sich hin, als wir aus der Stadt hinausfuhren, aber ich war begeistert, dass wir so bald in Unannehmlichkeiten geraten waren. Sie haben sicherlich schon einmal erlebt, dass die meisten Reisenden unvermeidlich von einem gewissen Kameradschaftsgeist ergriffen werden, sobald sich Schwierigkeiten einstellen. Manche Menschen können damit nicht umgehen und geraten in Panik, wenn die Situation außer Kontrolle gerät, doch die meisten fangen an, sich mit Fremden zu unterhalten und Witze zu machen, was nicht passieren würde, wenn alles nach Plan verliefe. Ich war etwas enttäuscht, dass ich mir die Landschaft nicht aus dem Panoramafenster eines Zuges würde anschauen können, doch ein kurzer Blick auf Google Maps zeigte mir, dass die Straße und die Bahnstrecke nahezu parallel verliefen. Außerdem hatte Kev darauf bestanden, direkt hinter der Treppe zur Toilette zu sitzen, wo das Fenster viel breiter als die anderen war.

Unter unseren Mitreisenden befanden sich zahlreiche Weihnachtseinkäufer; zwei Abenteurer von der Sorte, der man immer begegnet, wenn man unterwegs zu den entlegenen Ecken der Welt ist; beide hatten Rucksäcke, die weit über ihre Köpfe hinausragten und ihnen beinahe bis zu den Kniekehlen gingen; außerdem ein Pärchen, das etwas verloren wirkte, und eine Schar alter Damen, die mit nüchterner Entschlossenheit ihr Strickzeug auspackten. Auf Chatwins Reisen tauchen immer Präsidenten und Jungfrauen in Not auf, die ständig geistreiche Bemerkungen von sich geben, doch die Gespräche und Kommentare, die ich im Bus aufschnappte, waren weitaus alltäglicher. Eine der strickenden Damen rief: »Wenn mich noch jemand auffordert aufzustehen, bevor wir in Oban sind, ist er erledigt!«, nachdem der Mann neben ihr zu verstehen gegeben hatte, dass er sich woanders hinsetzen wollte. Um uns herum telefonierte man und brachte seine Bestürzung über das Verkehrschaos zum Ausdruck, und bald sah man auf der Straße verbeulte Autos, die in Gräben lagen oder gegen Bäume gefahren waren.

Im Bus ist der Ausblick auf die Landschaft viel überwältigender als in einem Zug, weil man nirgendwo anders hinschauen kann. Wir waren schon hinter Dumbarton, und Glasgow war verschwunden. Einige Tage später sollten wir mit dem Nachtzug zurückfahren, und der rotorange Glanz der Stadt Greenock, die sich an der Mündung des Clyde entlangzieht, wirkte wie ein gewaltiger, unaufhaltsamer Lavastrom, der uns zurück in die Metropole – und in unser Alltagsleben – zog. Der morgendliche Anblick eindrucksvoller geologischer Formationen deutete nur an, was noch kommen sollte. Die Wolken waren grau und unerbittlich, und gegen neun Uhr hatte sich die Erde gerade genug gedreht, dass die Sonne sichtbar wurde, als wir die Längsseite von Loch Lomond umrundeten. Die Spitze des Ben Lomond war hinter den Wolken kaum erkennbar, aber man spürte bereits, dass in dieser bergigen Landschaft ein ganz anderer Geist herrschte.

Diese ersten Gipfel erwiesen sich als Tore zu einer weiteren neuen Perspektive, doch erst als wir an der Busstation in Tyndale haltmachten, hatte unser Trip uns wirklich in seinen Bann gezogen. Die Kiefern und die steilen Berghänge waren schneebedeckt, und wir mussten durch einige matschige Pfützen waten, um den Laden und das Café zu erreichen. Ich hatte mein Handy an diesem Morgen ganz vergessen, also checkte ich meine E-Mails und meinen Twitter-Account, um zu sehen, wie die Feier noch verlaufen war, nachdem wir gegangen waren. Ich hatte einige Nachrichten, die verrieten, dass unserer Trip zu den Adlern als beschwipster Jux aufgefasst worden war. Von anderer Seite gab es neugierige Fragen, wie die Zugreise verlaufen war. Außerdem gab es einige Anrufe in Abwesenheit und Mailboxnachrichten von unbekannten Nummern, doch ich brachte es nicht über mich, sie abzuhören. Ich versuchte, ein Foto der schneebedeckten Berge zu twittern, doch irgendwo auf dem Weg vom Bus zum Laden brach die Verbindung ab. Ich ging zurück, aber sie war weg. Handy, Twitter und E-Mail mussten eine Weile ohne mich auskommen.

Als der Bus am Rand der mit Schnee gesprenkelten braunen Berglandschaft mit Wäldern und Buschwerk, den stillen Gewässern der Lochs und in der Ferne sichtbaren Wasserfällen entlangfuhr, schien alles von so makelloser Schönheit zu sein, dass es beinahe unheimlich war. Jede Kurve offenbarte die Spitze eines weiteren Bergs oder einen neuen, unberührten Ausblick. Das Wasser in einem der vielen Lochs, an denen wir vorbeifuhren, war so ruhig, dass es mir sogar durch das Fenster des wackelnden Busses hindurch gelang, ein Foto davon zu machen, wie exakt sich die schneebedeckten Geröllhalden in ihm spiegelten. Ein Stück weiter waren die Bäume so dicht mit Flechten bewachsen, dass ich dachte, sie wären belaubt. Ein hellgrüner, silbriger Bewuchs hatte sich über die Baumstämme und sogar über die dünnsten Äste ausgebreitet. Es sah aus, als hätte ein zerstreuter Riese sie ungeschickt in Glanzfolie eingepackt. All das trug zu dem Eindruck bei, dass hier etwas Seltsames im Gange war.

Eine meiner Lieblingsreisegeschichten, die davon handelt, in welchem Verhältnis unsere Wünsche zu dem stehen, was wir in der wirklichen Welt erreichen können, ist ein wenig bekanntes Werk von Edgar Allan Poe und heißt *Das Gut zu Arnheim*. Sie wird meist als etwas eigenartige Hommage an die Landschaftsgärtnerei abgetan, doch Poes letzte Geschichte, *Landors Landhaus*, gilt als Gegenstück zu *Das Gut zu Arnheim*, was mich immer fasziniert hat. Wenn das Letzte, was Poe jemals geschrieben hat, sich auf Arnheim bezog, dann wird diese Geschichte für ihn von besonderer Bedeutung gewesen sein. Sie handelt von einem Mann namens Ellison, der eine nahezu unvorstellbar große Geldsumme erbt, aber nicht wie die meisten Reichen politische Macht anstrebt, die er für belanglos hält, sondern einen außergewöhnlichen Plan ersinnt, um es auszugeben. Er ist besessen von der Idee, dass die menschliche Vorstellungskraft immer über die Wirklichkeit triumphieren wird, wenn es um die Darstellung der Natur geht: »Man findet in der Wirklichkeit keine Paradiese, wie sie auf der Leinwand Claude Lorrains erstrahlen.«

Im Verlauf der Geschichte wird deutlich, dass Ellison vorhat, dies zu beweisen, indem er einen Ort findet, den er bis zur Perfektion verbessern kann. Bevor er sich aufmacht, um sein unvergleichliches technisches Meisterstück in die Tat umzusetzen, reist er auf der Suche nach den schönsten Landschaften mit dem Erzähler um die ganze Welt. Sie verbringen vier Jahre damit, die großartigsten Aussichten zu genießen, die die Natur erschaffen hat, bis sie schließlich darüber entscheiden, welche Ellison als Leinwand dienen soll. Die Geschichte setzt einige Jahre nach Ellisons Tod wieder ein, als der Erzähler in einem Boot einen Fluss hinunterfährt, um das legendenumwobene Gut zu besuchen. Es folgt die Beschreibung von Arnheim, die den größten Teil der Geschichte einnimmt. Die Landschaft ist von solcher Perfektion, dass jeder Stein und jedes Blatt an ihrem Platz liegen. Auf der Fahrt durch die seltsam vollkommene schottische Landschaft an diese Geschichte zu denken gab mir ein angenehmes – wenn auch ziemlich unwirkliches – Déjà-vu.

* * *

Als wir in Oban eintrafen, schneite es heftig. Wir machten uns sofort auf, um herauszufinden, ob die Fähren in Betrieb waren. Es gab gute Neuigkeiten: Die Stromversorgung der Stadt funktionierte wieder, und nach einigen stürmischen Tagen war der Sund von Mull vollkommen ruhig. Wir mussten ein paar Stunden warten, aber am Abend würden wir wieder auf unserem Weg sein. Die Sonne würde bereits untergehen, wenn wir die einstündige Fahrt auf die etwa elf Kilometer entfernte Insel antraten. Wir verstauten unsere Taschen in den Schließfächern am Bahnhof und gingen in einen Pub, um Meeresfrüchte zu essen und das lokale Bier zu probieren. Danach wurde Kev wieder etwas munterer, vor allem, weil die Sonne herausgekommen war und es aufgehört hatte zu schneien. Also machten wir uns auf, um uns die wichtigsten Sehenswürdigkeiten von Oban anzusehen.

McCaig's Folly ist eine davon, die man nicht übersehen kann. Das riesige Oval aus Rundbögen, das eine Hommage an das Kolosseum in Rom darstellt, liegt auf einem Hügel direkt hinter der Stadt. Es wurde von John Stuart McCaig erbaut, einem Bankier, der ein bleibendes Monument für seine Familie errichten und gleichzeitig den arbeitslosen örtlichen Steinmetzen eine Beschäftigung verschaffen wollte. Es wurde nie ganz fertiggestellt, doch wie die meisten Zierbauten verlockt es einen dazu, auf den Hügel zu steigen und den Ausblick zu genießen. Obwohl Kev seit drei Jahrzehnten über Oban nach Mull fährt, hatte er die Insel noch nie von hier oben aus gesehen. Vor der Bucht von Oban liegt die Insel Kerrera, doch aus diesem Blickwinkel sieht es aus, als wäre die Insel irgendwo weiter südlich mit dem Festland verbunden. Mull liegt dahinter, ein Höhenzug mit schneebedeckten Gipfeln, der sich aus dem Firth of Lorn erhebt.

Das Wort »Firth« hat übrigens dieselbe Wurzel wie das skandinavische »Fjord«, was man sofort versteht, wenn man sich in der Nähe eines solchen befindet. Man begreift, wo die Mythen der Highlands und der Western Islands herstammen, wenn man Wörter wie »Firth« (Förde), »Loch« (See) und »Minch« (Meerenge) in sich aufnimmt.

Nur wenige wissen, was diese Wörter eigentlich bedeuten, aber es gelingt uns, sie mit ungefähren Vorstellungen zu verbinden. Vielleicht ist es diese Unbestimmtheit, die uns den Platz zum Träumen gibt und den Highlands und den Inseln ihre unwirkliche Qualität verleiht. Aus dieser Entfernung sah Mull jedenfalls genauso aus wie eine imaginäre Landschaft – wenn nicht sogar besser.

Kev lachte in sich hinein. »Dan, es gibt mindestens 45 brütende Adlerpaare auf dieser Insel. Ich frage mich, ob wir auch nur ein einziges davon zu Gesicht bekommen werden.« Er klopfte mir auf die Schulter und ging davon. Ich starrte die hohen Berggipfel an, die mich nahezu überwältigten, was sicherlich dem Mangel an Schlaf und dem Alkohol geschuldet war, aber ich war begeistert, dass ich mein eigenes Gut zu Arnheim gefunden hatte.

* * *

Kürzlich habe ich ein Buch des Neurobiologen Semir Zeki gelesen, es heißt *Glanz und Elend des Gehirns.* Zu Anfang wird das »ideale« Potenzial, das für Poe in der Vorstellungskraft des Menschen liegt, mit der »unvollkommenen« vergänglichen Wirklichkeit kontrastiert, in der er zu leben gezwungen ist. Zeki erklärt, dass das Gehirn zwei unterschiedliche Konzepte verwendet, um unseren Erfahrungen einen Sinn zu geben. Das eine ist angeboren (beispielsweise wie das Gehirn Farben erkennt), und das andere ist erlernt und entwickelt sich zeit unseres Lebens weiter (beispielsweise wer und was wir sein wollen). Zeki erläutert, dass unsere Vorstellung von etwas wie einem idealen Haus dadurch entsteht, dass wir bereits in Hunderten von Häusern waren oder Bilder von ihnen gesehen haben. Doch weil diese Collage aus Bildern und Gefühlen sich ständig verändert, weil wir immer neue Erfahrungen machen, kann diese »perfekte« Vorstellung, die wir in unseren Köpfen herumtragen, niemals von der Realität eingeholt werden. Diese verblüffende Komplexität des Gehirns – das ja das komplizierteste Gebilde im gesamten bekannten Universum ist – ist laut Zeki der Grund dafür, dass wir dazu verurteilt sind, unser Leben lang zu leiden. Vereinfacht ausgedrückt reflektiert unsere Vorstellungskraft unsere eigentlichen Wünsche viel besser als die reale Welt, in der wir leben.

Zekis Buch konfrontiert einen auch mit der These, dass alles, was einem im Leben begegnet, egal ob es real oder imaginär ist, letztlich aus mentalen Vorstellungen besteht. Was man sieht, schmeckt und hört, entstammt zwar der realen Welt, doch sobald es vom Gehirn verarbeitet wird, entzieht es sich vollständig der Realität. Das bedeutet, dass die Art und Weise, wie wir die Welt interpretieren, davon abhängig ist, was das Gehirn wahrnehmen kann, was nahelegt, dass die »reale« Welt weitaus größer und komplexer ist, als uns bewusst ist. Zekis Gegenüberstellung von Konzepten, die der realen Welt entstammen, und unseren imaginären Wunschvorstellungen erinnert an Poes Argument, dass jeder Anblick, den die Natur ersonnen hat, von der Vision eines Künstlers oder, genauer gesagt, vom Gehirn des Künstlers übertroffen werden kann.

Anschließend wendet sich Zeki dem Phänomen der unerfüllten Liebe zu und untersucht, warum wir die tragische Liebe so unwiderstehlich finden und oft sogar viel faszinierender als die normale Variante. Wenn man Zekis Argumentation folgt, liegt es daran, dass die unerfüllte Liebe einen davon träumen lässt, wie eine solche vermeintlich ideale Beziehung beschaffen sein könnte, indem man sie aus den Erfahrungen zusammensetzt, die man selbst gemacht oder bei anderen beobachtet hat. Diese perfekte Liebescollage, die nicht in der Realität getestet werden kann, wird also zu etwas viel Faszinierenderem als die tatsächlichen Möglichkeiten. Zeki zufolge sind unglückliche Liebesgeschichten – von Tristan und Isolde bis zu Romeo und Julia – deshalb seit Jahrtausenden so beliebt: weil sie letztlich bloß ein Ausdruck dafür sind, wie unser Gehirn gepolt ist.

Zeki erforscht die Funktionsweise des Gehirns nicht nur, indem er neurologische Prozesse untersucht, sondern er berücksichtigt außerdem wiederkehrende kulturelle Themen als kollektives Gedankenprodukt unserer Spezies. Es geht dabei natürlich nicht nur um Liebe. Überall um uns herum sehen wir, wie die Menschen ständig darum bemüht sind, in der realen Welt die perfekte Vorstellung umzusetzen, die sie von ihrem eigenen Leben haben. Das erklärt, warum wir scheinbar so zufrieden damit sind, uns unter Hochdruck in die Zukunft befördern zu lassen, denn es suggeriert uns, dass wir in der Zukunft glücklich sein und für unser heutiges Leiden entschädigt werden. Morgen bekommen wir das, was wir uns wünschen, wenn wir uns heute hinsetzen und etwas Vernünftiges und Planvolles tun – ob es eine mehrjährige Ausbildung ist, um Karriere zu machen, eine Hypothek aufzunehmen, um ein Haus zu kaufen, für die Familiengründung oder für die Rente zu sparen und so weiter, bis wir am Ende sterben, und an diesem Punkt hilft uns das religiöse Konzept vom ewigen Leben weiter. Wir alle planen für das Morgen und vernachlässigen dabei das Heute, und das hindert uns daran, im Augenblick zu leben und zu akzeptieren, dass die Welt um uns herum unvollkommen ist.

Denn wenn das Morgen endlich da ist, so Zeki, hat sich

das, was wir wollen, aufgrund unserer Lebenserfahrungen verändert. Und damit sind wir wieder beim Gegensatz zwischen der linearen, vorhersehbaren, eingeteilten Zeit des Chronos und der ewigen Gegenwart des Kairos.

* * *

Ein heftiger Wind fegte über den Sund von Mull, während die Fähre durch das tiefe Wasser tuckerte. Der Vollmond war aufgegangen, als wir uns der Insel näherten, und wir entdeckten bald etwas, das uns gelinde gesagt beunruhigte. Craignure, wo wir übernachten wollten, und der ganze südliche Teil der Insel waren dunkel. Vollkommen dunkel. Die Stromversorgung war noch immer unterbrochen. Längst vergessene Stürme kamen mir wieder in den Sinn. Ich tastete nach meinem Handy, um den Pub anzurufen, in dem wir ein Zimmer bestellt hatten, und sicherzugehen, dass wir dort übernachten konnten. Kein Freizeichen. Ich dachte an die Nachrichten und die unbekannten Telefonnummern, die ich ignoriert hatte, und verspürte einen Anflug von Panik.

Kev und ich gingen unter Deck, um der Kälte zu entkommen, und überlegten, was zu tun sei. Wenn der Pub keinen Strom hatte, war er wahrscheinlich geschlossen, und wir hatten keinen Platz zum Schlafen. Vielleicht war überhaupt niemand dort, und wir saßen vollständig in der Patsche. Keines unserer Handys funktionierte. Die Fähre würde am Abend nach Oban zurückfahren, also konnten wir dorthin zurück, aber damit entging uns die Gelegenheit, am nächsten Tag die Adler zu sehen. Wir hatten uns für die südliche, weniger bevölkerte Seite der Insel entschieden, weil dort der einheimische Führer wohnte, der uns am nächsten Morgen abholen sollte. Es war erst fünf Uhr nachmittags, doch als wir die Fähre verließen, war es so dunkel, dass nur der Mondschein, der sich auf dem Wasser spiegelte, und die Scheinwerfer der vorbeifahrenden Autos es uns ermöglichten, überhaupt etwas zu sehen.

Glücklicherweise war der Pub doch geöffnet – sie hatten tatsächlich gewartet, ob wir auftauchen würden. Eine Handvoll Einheimischer begrüßte uns, der Raum war behaglich, man hatte Kerzen und ein Kaminfeuer angezündet. Flaschen mit Newcastle Brown Ale und Gläser voll Whisky wurden serviert, während man über das Wetter sprach und herzlich darüber lachte, dass eine Windturbine explodiert war, weil es zu windig war. Sie hatten angenommen, dass wir weiter nach Tobermory wollten, und uns dort Zimmer besorgt; einige Leute, die an der Bar saßen, boten uns sofort eine Mitfahrgelegenheit an, aber Kev und ich wollten bleiben, wo wir waren. Nach der Reise, die wir hinter uns hatten, war ein kleiner Gasthof auf einer abgelegenen schottischen Insel, der nur von einem Feuer erhellt wurde, genau der richtige Ort für uns. Irgendwann grinste Kev mich an und sagte: »Dieses Ding mit dem langsamen Reisen – läuft das immer so ab?« Unsere Gastgeber schienen überrascht zu sein, dass wir bleiben wollten, aber wir stießen mit jedem von ihnen an und hatten dabei das Gefühl, dass wir hier noch eine Menge Spaß haben würden.

Der Himmel hatte aufgeklart, und Jupiter erstrahlte als heller Fleck, um uns an unseren Platz im Universum zu erinnern. Wenn man an einem abgelegenen und dunklen Ort wie Mull ins Weltall schaut, kommt man nicht umhin zu erkennen, wie vergänglich das Leben ist. Wenn man zu den Sternen oder zu den weit entfernten Sonnen am nächtlichen Himmel hinaufblickt und daran denkt, dass das Universum mehr von diesen Himmelskörpern enthält, als es Sandkörner auf dem Planeten Erde gibt, kann es einem keiner übel nehmen, wenn man die Hände vors Gesicht schlägt und anfängt zu schreien, weil das Dasein so unergründlich und absurd ist.

Es überrascht mich immer wieder, wozu wir als Spezies in der Lage sind. Bestimmt wurden unsere Vorfahren viel öfter von solchen mulmigen Gedanken heimgesucht, denn sie lebten in Zeiten, in denen nach Sonnenuntergang nur noch ein Feuer Licht spendete. Man zieht unwillkürlich den Kopf ein, wenn man eine längere Zeit in einer solchen Dunkelheit verbringt. Es wird einem bewusst, dass die künstlichen Lichtquellen, die uns isolieren und hinter denen wir uns verstecken, einem ein trügerisches Gefühl von Kontrolle vermitteln, sowohl über die reale als auch die imaginäre Welt. Die Wahrnehmung der Dunkelheit und das Gefühl von Bedrohung, das sich einstellt, wenn man ganz von ihr umschlossen ist, brachte jedoch nicht nur Aberglauben, Mythen, Götter und Ungeheuer hervor. Wir bilden uns ein, wir seien weiter entwickelt als die Baumeister, die im Bronzezeitalter die Hügelgräber in den South Downs errichteten, aber sie waren noch so eins mit den Gestirnen, dass sie die Hügelgräber nach dem Stand der Sonne am Mittsommertag ausrichten konnten. Ich frage mich, ob diese Verbundenheit sie ihren Platz im Universum fragloser akzeptieren ließ.

* * *

In der Bar wendete sich das Gespräch bald den Adlern zu, und unsere neuen Freunde gaben uns Ratschläge und äußerten sich mehr oder weniger pessimistisch über unsere Chancen, überhaupt welche zu Gesicht zu bekommen. Alle sprachen von den Adlern, als wären sie Mitglieder der Gemeinde. Auf Mull leben circa 3000 Menschen, und die meisten von ihnen wissen es zu schätzen, was die Vögel zur Wirtschaft beitragen. Jeder hatte einen anderen Vorschlag, wo man die Gold- und Seeadler finden könne, aber Alec, der Besitzer des Pubs, ermahnte sie, uns nicht zu viele Hoffnungen zu machen. Er blieb skeptisch:

»Es gibt ein Pärchen, dass jedes Jahr eine Woche bei uns verbringt, er ist Fotograf, deshalb kommt er gern außerhalb der Saison, wenn weniger Touristen da sind. Tja, sie sind heute Morgen abgereist und haben die ganze Woche nicht einen Adler gesichtet.«

Er unterstrich seine Schwarzmalerei mit der Ankündigung, da wir ja nun hier seien, würde er den Pub schließen und nach Hause gehen. Das überraschte uns, da es erst sieben Uhr abends war, aber einmal früh ins Bett zu gehen würde uns nicht schaden. Das flackernde Kerzenlicht wirkte wie ein natürliches Schlafmittel und sorgte dafür, dass einem die Augen zufielen. Die Auskünfte über die Adler waren nicht so ausgefallen, wie wir gehofft hatten, doch mittlerweile waren wir einfach froh, dass wir hier waren. Alec gab uns einige zusätzliche Decken, die wir über die Federbetten legen konnten, und das zuversichtliche Versprechen, dass es bald wieder Strom geben würde und alles in Ordnung wäre.

Am Morgen gab es noch immer keinen Strom, und Kev und ich frühstückten in der Bar bei Feuerschein. Wir waren aufgeregt und unruhig. Grauer Nieselregen fiel in den Sund von Mull und drang durch unsere Mäntel, als wir in der Morgendämmerung auf Bryan Rains, unseren Führer, warteten. Er kam einige Minuten später in einem weißen Minibus angefahren, und sein freundliches Auftreten konnte nicht verbergen, dass er uns keine großen Hoffnungen machen wollte.

»Wir haben heute Morgen ein sehr kleines Zeitfenster, ein paar Stunden, wenn wir Glück haben, denn gegen Mittag kommt der Sturm zurück. Dann wird man nichts mehr sehen können.«

Ich war entschlossen, optimistisch zu bleiben, und sagte, wenn wir keine Adler fänden, würden wir sicherlich andere Wildtiere zu sehen bekommen. Anschließend erzählte ich Bryan von meiner Theorie des langsamen Reisens und merkte an, dass man meist mit unverhofften Freuden belohnt wird, wenn man darauf eingestellt ist, sich Zeit zu lassen. Er zog nur die Augenbrauen hoch und antwortete mit einem simplen »Aha«.

Als wir den Hügel südlich von Craignure hinauffuhren, erklärte Bryan uns, dass es drei Stellen gäbe, an denen wir gute Chancen hätten, etwas zu sehen zu bekommen, und wir direkt dorthin fahren sollten. Doch bald wurden wir von der Landschaft überwältigt. Die Sonne würde erst um 8.30 Uhr aufgehen, und im Dämmerlicht näherten wir uns den »Three Lochs«. Auch wenn ich geglaubt hatte, ich hätte Arnheim bereits gesehen, wusste ich, dass ich nun dort angekommen war. Die Straße stieg am nördlichen Ende eines Tals leicht an, das sich nach Süden hin zwischen zwei kleineren Bergen erstreckte, Ben Buie lag zu unserer Rechten und Creach Bheinn zur Linken. Abgesehen von dem gesprenkelten Braun der Erde, dem Gras und kurzen, verwitterten Zaunpfählen war alles von Schnee bedeckt. Das hinter uns gelegene Loch Sguabain speiste über einige Steinstufen die drei Lochs mit Wasser, die auf Augenhöhe in der Ferne auszumachen waren. Der Himmel war voller weißer und grauer Wolken, die vom roten Morgenlicht gesäumt waren, und man konnte sehen, wie das Wasser sich hinunter durch das Gleann a' Chaiginn Mhoir bis nach Lochbuie gegraben hatte, das hinter den Hügeln am Horizont lag. Kev, der bisher nur im Sommer auf Mull gewesen war, staunte über die Verwandlung. Wir hatten Ferngläser dabei, doch keiner von uns dachte an die Adler. Manchmal gibt es Augenblicke, in denen sich die Landschaft, das Licht und die eigenen Emotionen perfekt ergänzen.

Nach einigen Minuten seligen Schweigens holte Bryan

sein Teleskop heraus, weil Kev etwas entdeckt hatte. Er klappte das Stativ auf, peilte einen kleinen Felsvorsprung an, der etwa 45 Meter unter dem Gipfel des Craich Bheinn lag, und fing sofort an, in sich hineinzukichern.

»Das ist ein Goldadler – gutes Auge, Kev.«

Ich schubste Bryan ungeduldig vom Teleskop weg, um einen Blick auf den dunkelbraunen Federknäuel zu erhaschen, der sich an der weit entfernten Bergflanke um seine eigenen Angelegenheiten kümmerte. Der Adler saß zufrieden da, drehte seinen Kopf hierhin und dorthin und schien sich nicht bewegen zu wollen. Bryan blieb unbeeindruckt und lachte nur.

»Das zählt eigentlich nicht – man kann ihn kaum sehen, und er ist nicht im Flug.«

Aber Kev und mir genügte es. Während ich durch das Teleskop starrte, schüttelte der Adler sich, erhob sich in die Lüfte und ließ sich von der Felskante hinuntergleiten. Es war ein Augenblick natürlicher Perfektion und weitaus schöner als alles, was ich mir hätte ausmalen können – eben weil es real war.

Obwohl ich spürte, dass Bryan es als seine Pflicht ansah, uns noch eine bessere Sichtung zu ermöglichen, war der Druck weg, und wir konnten einfach den Tag genießen. Am nächsten Halt hatten wir kein Glück, doch weiter oben am Glen More sahen wir durch Bryans Teleskop zwei weitere Goldadler, die auf Felsvorsprüngen hockten. Ich war begeistert, spürte aber, dass Bryan es als persönliches Versagen ansehen würde, wenn wir nicht einen Adler in freiem Flug zu Gesicht bekämen. Er suchte die Bergkämme um uns herum ab, und ich fragte, nach was er Ausschau hielt.

»Nach Anomalien. Wenn man den Horizont beobachtet, sucht man immer nach etwas Ungewöhnlichem, selbst wenn man nicht weiß, was es ist.«

Dann senkte er sein Fernglas, deutete auf etwas oberhalb des Kamms vor Cruach Choireadail und rief Kev herbei, der in die andere Richtung schaute.

»Zwei weißschwänzige Seeadler im Flug.«

Ich konnte sie mit bloßem Auge sehen, aber durch das Fernglas konnte man deutlich erkennen, welche Anstrengung das Fliegen für diese riesigen Vögel bedeutete. Ihre Flügel waren enorm. Bryan bemerkte: »Sie haben eine Flügelspannweite, die deine Größe übertrifft. Sie kann bis zu 2,50 Meter betragen. Und diese beiden sind noch nicht ausgewachsen.«

Zuletzt hatte ich also doch noch ein paar Ungeheuer entdeckt. Einer der beiden verschwand hinter dem Bergkamm, doch der andere stieß herab, um zu landen, und ich konnte seinen weißen Schwanz erkennen. Er schüttelte seine Federn, wandte den grauen Kopf mit dem gelben Schnabel in meine Richtung, und ich konnte die grauen Brustfedern sehen, die ihn als Jungvogel auswiesen. Sogar Bryan schien jetzt glücklich zu sein.

»Das ist ein weißschwänziger Seeadler. Einer der größten Adler, die man auf der Welt findet.«

Ich wandte mich zu ihm um und sagte: »Was hast du eigentlich? Adler zu beobachten ist doch das reinste Kinderspiel.« Er schüttelte sich vor Lachen.

* * *

In den Bergen von Mull kam es mir so vor, als ob es in Poes *Arnheim* nicht nur darum geht, dass die Vorstellungskraft des Menschen der Natur überlegen ist, die ihn umgibt. Dennoch ist Ellisons Ideallandschaft natürlich eine Metapher für das, was ein genügsamer Geist aus sich heraus erschaffen kann. Zu Beginn der Geschichte beschreibt der Erzähler, wie sein Freund seine Vorstellung von Glück definiert, indem er vier Bedingungen für die Seligkeit benennt: die Gesundheit, die man durch körperliche Betätigung im Freien erlangt, die Liebe, die Verachtung des Ehrgeizes sowie »ein Objekt unaufhörlichen Strebens« zu haben. Je ideeller dieses Objekt ist, desto mehr Glück wird man empfinden.

In *Landors Landhaus*, dem Pendant zu *Arnheim*, wird dies veranschaulicht, als ein Reisender durch die zauberhafte, uns mittlerweile bekannte Landschaft stolpert und auf ein einfaches, aber vollkommenes Haus stößt: »Während ich hinsah, hätte ich mir vorstellen können, ein hochbedeutender Landschaftsmaler habe es mit seinem Pinsel geschaffen.« Im Inneren findet er ein verliebtes Pärchen vor, das von Büchern, Kunstgegenständen und Vasen voller duftender Blumen umgeben ist. Poe will uns vermutlich sagen, dass wir unsere Vorstellung von Perfektion selbst bestimmen und damit der Tyrannei der realen Welt entkommen können, die nicht unseren Wünschen entspricht. Aber das erreichen wir nicht, indem wir versuchen, die Welt, in der wir leben, zu bezwingen, sondern indem wir den Fokus unseres Lebens innerlich neu einstellen, denn nur so erkennen wir das eigentliche Arnheim. Für Poe wird dies erreicht, indem man durch die Gegend reist, sich leidenschaftlich verliebt, seine Ambitionen nicht auf »morgen« richtet und sich der lebenslangen Aufgabe widmet, seiner Kreativität Ausdruck zu verleihen. Eins steht doch außer Frage: Wenn es ums Reisen geht – oder auch um Liebe und Kreativität –, ist es unerlässlich, dass man sowohl die Kontrolle als auch die eigenen Vorurteile aufgibt. Ich glaube, auch Chatwin sprach in seinem berühmten Zitat davon: »Des Menschen wahre Heimat ist nicht das Haus, sondern der Weg, und das Leben selbst ist eine Reise, die zu Fuß zurückgelegt werden muss.«

Kev, Bryan und ich verbrachten an diesem Morgen noch

einige Stunden damit, die Tierwelt von Mull zu beobachten, und es stellte sich heraus, dass er recht gehabt hatte, was das Wetter betraf. Doch am frühen Nachmittag, als wir zurück in Craignure waren und zur Feier des Tages mit einigen Flaschen Newcastle Brown Ale anstießen, konnte ich ihn davon überzeugen, dass ich recht gehabt hatte, was das langsame Reisen und die Belohnung durch den Zufall betraf. Er hatte keine andere Erklärung für die sieben verschiedenen Adler, die wir in weniger als vier Stunden gesichtet hatten: vier Seeadler (zwei davon im Flug) und drei Goldadler. Außerdem sahen wir eine Ottermutter, die mit ihren beiden Jungen am Rand des Loch Scridain entlangschwamm, Eistaucher, Kreuzschnäbel und zahllose Bussarde, doch unsere außergewöhnlichste Beobachtung machten wir, kurz bevor das Wetter uns zwang, für diesen Tag aufzuhören. An einem Ort, den ich nicht nennen darf (aber Bryan bringt Sie vielleicht hin, wenn Sie Glück haben), brachte er es fertig, einen Goldadler aufzuspüren, der in einer Eiche saß, und durch das Teleskop konnte ich genau sehen, wie er blinzelte. Wir fotografierten ihn mit meinem iPhone durch den Sucher, und trotz meiner Vorbehalte gegen Fotografien hängt dieses Bild jetzt neben der Feder zu Hause in meinem Büro.

* * *

Unser Abenteuer war noch nicht vorbei. Obwohl es im Pub noch immer keinen Strom gab, kam eine örtliche Band vorbei, um den 30. Geburtstag eines Freundes zu feiern. Die meisten von ihnen waren in Craignure geboren, und das Wetter und der Stromausfall hatten sie nicht etwa abgeschreckt, sondern eher noch angespornt, von Glasgow heraufzukommen. Sie spielten bis spät am Abend, saßen dabei um einen Tisch herum und feierten miteinander, indem sie musizierten, anstatt sich einfach nur zu unterhalten. Zu einem Instrument zu greifen schien für alle ganz selbstverständlich zu sein, dazu sangen sie abwechselnd. Ein Mädchen in einem zu großen weißen Pullover und gelben Gummistiefeln gab eine gelungene Coverversion von »Someone Like You« von Adele zum Besten. Ich konnte den Song vorher nie leiden, aber sie sang ihn mit einer Kraft, die ganz und gar authentisch wirkte. Crispin, der Leadsänger, hatte etwas so Intensives an sich, dass ich mich fragte, wen er ansang oder vielmehr anschrie. Dann bemerkte ich das Mädchen, das ihn zwischen den Songs mit einem starken Gebräu aus Jack Daniels, Jägermeister und Red Bull versorgte. Sie alle tranken und sangen wie die Teufel, sogen die Liebe, das Leben und den Alkohol auf wie ein Verdurstender den Morgentau. Irgendwann stolperte ein Mädchen aus der Damentoilette und verlangte mein Notizbuch. Sie schrieb hinein: »Heute hat mein Bruder Geburtstag. Christina.«

Während ich mich im Hintergrund hielt und versuchte, meine Notizen für den Tag aufzuschreiben, konnte ich sehen, dass Kev die Situation zunehmend genoss. Schließlich machte er den Fehler, nach einer der Gitarren zu greifen, die neben ihm an der Wand standen. Die Band und ihre Freunde bemerkten es, und Crispin schrie alle im Pub an, sie sollten ruhig sein. »Du hast die Gitarre genommen, also musst du auch spielen!«

Für Kev gab es kein Zurück. Sie riefen im Chor, er solle etwas für sie singen. Der ganze Pub fiel mit ein, und in diesem Moment ging das Licht wieder an. Vier Tage lang waren der Craignure Inn und die umliegenden Dörfer ohne Strom gewesen, und plötzlich war die Dunkelheit vorüber. Ich fand mich von einer behaglichen dunklen Taverne in einen nicht weiter bemerkenswerten Pub versetzt, an dessen Wänden kitschige Dekorationen und signierte Fotos von Bill Bailey hingen. Alles lachte, jubelte und verlangte noch inbrünstiger danach, dass Kev einen Song spielte. Ich wäre an seiner Stelle vor Verlegenheit gestorben, doch Kev ist aus robusterem Holz geschnitzt als ich. Er zog einen Stuhl heran, brachte alle zum Schweigen und sagte, er würde ein Gedicht rezitieren. Er ergriff den Augenblick auf unvergessliche Weise, so viel war klar, und jetzt konnte ihn nichts mehr daran hindern.

Der ganze Pub drängte den »Engländer«, endlich anzufangen. Und das tat er. Er stand da, mit stolz geschwellter Brust, und nur er selbst weiß, zu wem er sprach und weshalb, aber die Worte strömten nur so aus ihm heraus, als würde die Sprache der Insel aus vergessenen Landkarten aufsteigen und sich von selbst in Reimen zusammenfinden. Als er innehielt, jubelte der ganze Pub; Kev wurde mit Umarmungen erstickt, und es floss noch mehr Whisky. Als er von dem Stuhl heruntersprang, der ihm vorübergehend als Bühne gedient hatte, verwandelte sich der Jubel in einen erbarmungslosen Fangesang wie in einer Stadionkurve, und der ganze Pub schrie: »Gedicht, Gedicht, noch ein verdammtes Gedicht!«

Ich schlich hinaus, um heimlich eine zu rauchen, bevor ich ins Bett ging und Kairos im Mondlicht verschwand.

Kapitel 5
Folge deinem Instinkt

Mit der Hoffnung zu reisen ist besser, als das Ziel zu erreichen.

Robert Louis Stevenson

2007 fuhr ich einen Monat lang in einem alten elektrischen Milchwagen durch England, und es war das Vernünftigste und zugleich das Verrückteste, was ich jemals getan habe. Einige Monate später wurde ich Mitautor eines Buches mit dem Titel *Three Men in a Float (Drei Männer in einem Milchwagen)*, aber erst jetzt, nachdem über fünf Jahre vergangen sind, wird mir wirklich bewusst, was wir damals getan haben.

Ich unternahm die Reise mit meinen Freunden Ian Vince (mit dem ich das Buch schrieb) und Prasanth Visweswaran (einem Hobbyelektriker), und ich erinnere mich, dass ich den Leuten vor unserer Abfahrt nur halb im Spaß erzählte, da unser Planet mittlerweile gezähmt worden sei, sollte jeder *echte* Abenteurer sein Ego überwinden und mehr Zeit damit verbringen, das zu erforschen, was vor seiner Nase liegt. Ich war davon überzeugt, dass wir auf eine edle Mission gingen, um das »wahre England« zu entdecken, und behauptete ziemlich anmaßend – und in dem Versuch, von einer potenziellen Öko-PR zu profitieren –, dass wir herausfinden wollten, ob es möglich sei, unseren Planeten zu lieben und trotzdem auf Reisen zu gehen.

In Wirklichkeit war alles eigentlich nur ein Jux. Dahinter stand kein großartiger Plan, selbst wenn wir dem, was wir uns ursprünglich vorgestellt hatten, am Ende ziemlich nahe gekommen waren. Ian fiel der Buchtitel ein, als wir einmal im Pub saßen – und danach hatte ich das Gefühl, ich müsste es einfach machen. Und tatsächlich gelang es uns, ein paar Wochen vor unserer Abreise einen Milchwagen aufzutreiben. Das erste Mal fuhr ich ihn an einem kalten, windigen Maimorgen in Lowestoft (dem östlichsten Punkt Englands); er war soeben von einem Laster abgeladen worden. Wir hatten uns vorgenommen, die 965 Kilometer nach Land's End (dem westlichsten Punkt Englands) innerhalb von vier Wochen zurückzulegen, hatten allerdings keine Ahnung, wie wir den batteriebetriebenen Milchwagen aufladen wollten oder wo wir unterwegs übernachten würden. Er hatte einen Fahrradtacho, der in das Armaturenbrett eingelassen war, keine Sicherheitsgurte, unglaublich unbequeme Sitze und nicht sehr stabile Türen, durch die Wind und Regen eindringen konnten.

Wie bereits erwähnt, wurde uns erst spät klar, dass wir uns auf völlig Fremde würden verlassen müssen, um die Batterien des Milchwagens über Nacht aufzuladen. Es dämmerte uns spät am Abend in Lowestoft, und ich kann mich gut an die Panik erinnern, die uns deswegen überkam. Bestimmt würden wir scheitern. Einen Monat später, erschöpft und begierig, nach Hause zu kommen, hielten wir in Land's End. Ich habe keine Ahnung, wie wir das fertiggebracht hatten, aber es war uns gelungen. Und trotz all der merkwürdigen Sachen, die ich in den vergangenen Jahren unternommen habe, wollen die Leute immer am liebsten über diesen Trip mit mir reden.

Nachdem wir Lowestoft hinter uns gelassen hatten, notierte ich in den ersten paar Tagen in meinem Tagebuch, welche aufregenden neuen Perspektiven auf die Welt das langsame Reisen zugänglich macht, und war gleichzeitig besorgt darüber, dass wir nicht genug Geld dabeihatten und jederzeit scheitern konnten, weil wir so schlecht vorbereitet waren. Es ist eine Sache, den Everest besteigen zu wollen und dann zu kneifen – das wird einem niemand vorwerfen. Aber wenn man etwas Albernes vorhat, dann gibt es paradoxerweise keinen Spielraum für einen Rückzieher.

Die tägliche Organisation und Plackerei, die der Trip uns abverlangte, war weitaus aufwendiger, als wir erwartet hatten. Jeden Morgen standen wir wieder vor denselben Problemen, mit denen wir uns am Tag zuvor herumgeschlagen hatten. Würden wir genug Kilometer schaffen? Welche Richtung sollten wir einschlagen? Wo würden wir übernachten? Wie konnten wir den verdammten Milchwagen aufladen? Ich will nicht sagen, dass es unerfreulich war – wir hatten eine fantastische Zeit; im Rückblick erscheint es nur ziemlich ironisch, dass wir uns auf ein scheinbar langsames und stressfreies Abenteuer eingelassen hatten, das vollkommen davon abhing, dass wir diese täglichen Rituale bewältigten.

Der Milchwagen hatte eine Höchstgeschwindigkeit von 25 Stundenkilometern, also schlichen wir buchstäblich durch die Gegend. Die ersten Tage war das Wetter grässlich, und wir zitterten im Inneren des kleinen, ungemütlichen Gefährts vor Kälte, aber wir gaben nicht auf und trafen bald auf Menschen, die von unserem ausgefallenen Unternehmen so angetan waren, dass sie uns unbedingt helfen wollten. Gegen Ende der ersten Woche begannen wir langsam daran zu glauben, dass unser Trip gelingen könnte, und entspannten uns. In diesem Moment veränderte sich unsere Wahrnehmung. Der Elektromotor war so leise, dass er die

Wildtiere nicht verscheuchte, und wir gewöhnten uns daran, auf kleinen Feldwegen von Hasen, Kaninchen und Vögeln begleitet zu werden. Einmal fuhren wir einen Hügel hinauf und wurden von einer Hummel überholt.

Durch das langsame Tempo veränderte sich auch unser Gefühl für Entfernungen. Für eine Strecke, die man mit dem Auto leicht in zwei Stunden schaffen kann, brauchten wir strapaziöse vier Tage, und daran gewöhnten wir uns nur schwer. Beim Wandern oder Radfahren ist man geistig abgelenkt, und es ist körperlich anstrengend. Ein Milchwagen ist ungefähr so schnell wie ein Fahrrad, aber man trödelt durch die Gegend wie in einer mobilen Hängematte. Nach der ersten Woche kam es mir vor, als würden wir ein weites, unerschlossenes Land durchqueren, und der Horizont begann sich vor uns auszudehnen. Es war, als würde das Land durch unser langsames Tempo tatsächlich größer werden.

Damals dachte ich, ich würde langsam verrückt werden, doch als ich wieder zu Hause war, machte mich ein Freund auf eine Abhandlung mit dem Titel »Wie lang ist die britische Küste?« aufmerksam, die 1967 von einem Mathematiker namens Benoît Mandelbrot veröffentlicht worden war. Sie besagt, dass die Intensität einer Reise – was die Wahrnehmung angeht – sie tatsächlich mathematisch gesehen verlängern kann. Die Antwort auf die Frage, die diese Abhandlung stellt, ist, dass es keine Antwort gibt. Es ist ein Paradox, weil die Länge der Küste vollkommen davon abhängig ist, auf welche Weise sie vermessen wird. Alles hängt vom Kontext ab, und der Kontext, in dem man etwas wahrnimmt, ist eine Funktion des Gehirns.

Um dieses Paradox zu erklären, muss man zunächst davon ausgehen, dass England eine bestimmte geologische Küstenlinie hat, die wiederum von Ebbe oder Flut und allen möglichen anderen Variablen abhängig ist. Wenn man diese

Voraussetzung akzeptiert hat, muss man sich vorstellen, diese Küste mit einem einen Meter langen Lineal auszumessen. Irgendwann hätte man die Länge der Küste ermittelt. Aber was wäre, wenn man das Experiment mit einem 30 Zentimeter langen Lineal wiederholen würde? Mit dem kürzeren Lineal würde die Strecke länger ausfallen, weil man in diverse Ecken und Winkel hineinkäme, die man mit dem einen Meter langen Lineal hätte übergehen müssen.

Jetzt denken Sie wahrscheinlich: »Na gut, aber mit einem drei Zentimeter langen Lineal wäre die Strecke noch länger. *Das* wäre zumindest genau, denn ein kleineres Lineal ginge kaum.« Das Problem ist, dass es natürlich doch ginge. Man kann das Lineal immer kürzer machen und immer mehr ins Detail gehen, und jedes Mal wird die Küstenlinie länger werden. Es gibt also keine definitive Antwort auf die Frage. Das ist ein beunruhigender Gedanke. Wir alle gehen von der Annahme aus, dass die reale Welt dadurch definiert wird, dass sie vermessbar ist, aber wenn man das Ganze genauer betrachtet, steckt der Akt des Messens selbst voller Unwägbarkeiten.

Natürlich bewegten wir uns in unserem Milchwagen nicht in so winzigen Dimensionen, aber wir reisten »tiefer«, als wir es normalerweise tun. Wir vermaßen diese Tiefe nicht an sich, doch wir nahmen sie in den Dingen wahr, die wir sehen konnten, weil wir die Zeit und den Raum dazu hatten. Beispielsweise rasten die Bäume, die man aus dem Fenster des Milchwagens sah, nicht einfach vorbei, wie man es vom Auto her kennt. Im Vorbeifahren konnten wir die Umrisse jedes Meilensteins, jeder Hecke und jedes Baums deutlich erkennen. Ich bin mir darüber im Klaren, dass das Ganze nicht unbedingt nachvollziehbar ist, aber es ist hilfreich, um zu erklären, warum uns die Dimensionen des Landes, durch das wir fuhren, so verändert erschienen.

Uns wurde bewusst, dass man nicht wirklich ein Teil des

Landes ist, wenn man sein Leben damit verbringt, es mit großer Geschwindigkeit auf Autobahnen und zweispurigen Schnellstraßen zu durchqueren. Man reduziert das Land auf eine Reise von A nach B und nimmt alles andere überhaupt nicht mehr wahr. Mit einem Milchwagen darf man nicht auf die Autobahn, also mussten wir uns an die Fern- und Landstraßen halten und wann immer es möglich war, kleine Feldwege benutzen, die von endlosen Hecken gesäumt waren. Wir nahmen das Land, durch das wir fuhren, nicht nur wahr – wir wurden tatsächlich zu einem Teil davon.

Damit meine ich nicht etwa, ich hätte meine Identität verloren, vielmehr begann ich, meinen Platz in der Welt, in der ich lebe, mit vollkommen anderen Augen zu sehen. Es gab keine Kluft mehr zwischen mir selbst und meiner Umgebung. Sie war nicht länger zu meiner Unterhaltung oder zu meinem Nutzen da – wir waren miteinander in Beziehung getreten. Das ist natürlich ein großer Unterschied zu unserem alltäglichen Leben, in dem wir uns immer mehr von der Natur entfernen, auch wenn uns das scheinbar belanglos vorkommt.

Das Tempo des normalen Alltags offenbarte sich mir nur allzu deutlich, als mein Schwager James uns besuchte, während wir auf einem Campingplatz Rast machten (Pras hatte mittlerweile herausgefunden, wie man die Stromstärke, die der Milchwagen benötigte, von einem bestimmten Stromverteiler für Wohnwagen abzapfen konnte). Wir fuhren nur einige Kilometer in seinem Auto, um Bier und Würstchen zum Grillen einzukaufen, und er fuhr nicht besonders schnell – nicht mehr als 80 km/h –, aber ich hatte das Gefühl, als säße ich in einem Dragster. Angesichts der absurden Geschwindigkeit verfiel ich in Panik, und alles, was ich durch das Fenster sah, hatte auf einmal seine Bedeutung verloren. Außerdem wurde mir schlecht. In diesem Moment begriff ich, an welches Tempo wir uns beim Reisen gewöhnt haben.

Im Auto wurde mir außerdem bewusst, wie wenig ich auf das Land *höre*, in dem ich lebe. Wie die meisten von uns befinde ich mich normalerweise in irgendeinem Gehäuse und höre Musik oder Radio, egal ob es sich dabei um ein Haus, einen Pub, ein Auto oder einen U-Bahn-Zug handelt. Ein Milchwagen ist sehr leise, und wir gewöhnten uns an den Soundtrack unserer jeweiligen Umgebung, der nur von unseren gelegentlichen Gesprächen unterbrochen wurde. Da wir im Frühjahr unterwegs waren, wurde dieser natürliche Soundtrack, hinter dem man noch immer Fetzen des Rauschens der Stadt ausmachen konnte, zunehmend lebhafter. Alle Arten von »modernen« Geräuschen erschienen uns mehr und mehr als Beeinträchtigungen, die davon ablenkten, wie es eigentlich sein sollte. Es war, als hätte die Welt etwas von ihrer Magie zurückgewonnen, und mir fielen Dinge auf, die ich vorher aus Gewohnheit einfach ignoriert hatte. Weil wir so langsam reisten, nahmen wir unsere Umwelt sehr viel weniger funktional, strukturiert und profan wahr.

In einem besonders tiefgründigen Moment begann ich mich zu fragen, ob wir der Landschaft, durch die die Argonauten der Moderne so achtlos hindurchdonnern, ihre mythologische Komponente zurückgaben. Natürlich ist das verrückt. Was wir taten, veränderte den Kontext, durch den unser Gehirn unser Dasein erfasst. Genau um diese veränderte Wahrnehmung geht es im Grunde beim Reisen.

* * *

Zwei Wochen später, als wir die Grenze zwischen Wiltshire und Dorset erreicht hatten, begann ich mich an unseren neuen Tagesablauf zu gewöhnen. Während ein Teil meines Gehirns noch mit den spannenden neuen Erfahrungen kämpfte, die die Langsamkeit uns zugänglich macht, bemühte sich der andere Teil darum, auf eine planvollere Weise mit den Gegebenheiten umzugehen. Wenn man den Milchwagen so lange fährt, bis die Batterien völlig erschöpft sind, geht er kaputt, also mussten wir einen Kompromiss finden. Anstatt den ganzen Tag lang zu fahren und abends dann verzweifelt nach einem Platz zum Übernachten und zum Aufladen zu suchen, hielten wir nur mitten am Tag an, wenn wir gerade in einem Industriegebiet waren. Wir luden unsere Batterie bei einer Hypnos-Bettenfabrik (die die Queen beliefert), bei Supermärkten und bei einem Elektro-Großmarkt auf. Das war vielleicht nicht ganz so romantisch, aber es erlaubte uns mehr Flexibilität bei der Wahl unseres Schlafplatzes. Dadurch, dass wir unseren Trip vernünftiger und strukturierter angingen, konnte uns die neue, langsame Herangehensweise noch mehr Kontraste zu unserem Alltagsleben aufzeigen, bis wir die richtige Balance zwischen beidem gefunden hatten.

Es kam uns so vor, als würden wir tatsächlich das Land verändern, während wir es durchquerten. Unsere Anwesenheit begann auch die Sichtweise der Menschen zu beeinflussen, denen wir begegneten. Peter, der Besitzer der Bettenfabrik, hatte irgendwo auf seinem riesigen Gewerbehof einen elektrischen Gabelstapler, und er sagte, er würde mit uns kommen, wenn er nicht zu einer Hochzeit in Schottland eingeladen wäre. In Oxfordshire begegneten wir einem Milchwagen-Fan, der uns tatsächlich eine Weile begleitete. Wenn wir in unserem Milchwagen in einer neuen Stadt oder in einem Dorf auftauchten, fiel es den Menschen leichter, mit uns ins Gespräch zu kommen, als es normalerweise bei Fremden der Fall ist. Wir waren ein Ereignis, das die Menschen zusammenbrachte und das ihnen die Möglichkeit bot, sich über alle möglichen »verrückten« Ideen auszutauschen, von deren Verwirklichung sie schon immer geträumt hatten. Einige sagten uns, wie inspirierend sie uns fänden, was merkwürdig war, weil wir im Grunde wussten, dass das Ganze eigentlich nur ein Jux war, doch es trug dazu bei, dass unser Trip nicht mehr nur »uns« gehörte.

Damals glaubte ich, dass es sich lediglich um einen Moment handelte, in dem der Schleier des Zynismus gelüftet wurde, der die Menschen gewöhnlich umgibt, aber heute denke ich, dass wir ihnen zumindest kurzzeitig dabei halfen, ihr eigenes Leben in einem anderen Licht zu sehen. Wem das weit hergeholt erscheint, der soll es selbst versuchen. Wenige Stunden nach unserer Ankunft wurden Partys organisiert. Leute überholten uns in ihren Autos, hielten an, stiegen aus und liefen neben uns her, während wir die Straße hinunterzuckelten, sie gaben uns ihre Namen, Nummern und Adressen, für den Fall, dass wir durch ihre Stadt kämen und unsere Batterie aufladen müssten. Es kam so weit, dass wir Angebote für Strom, freie Übernachtungen und Verpflegung *ablehnen* mussten. Vielleicht eröffnet das langsame Reisen eine Sicht auf das Leben, die ansteckend ist und auf die Menschen um einen herum übergreift.

Wir fuhren weiter nach Devon und Cornwall und übernachteten abwechselnd in den Häusern von Fremden, auf Campingplätzen und gelegentlich in einem Luxushotel. Mittlerweile waren wir selbstbewusst genug, um Menschen anzusprechen und sie aufzufordern, uns zu helfen. Nicht etwa unhöflich – uns war gerade aufgegangen, dass wir nicht die Einzigen waren, denen etwas geschenkt wurde, wenn uns jemand umsonst seinen Strom gab. Ich weiß gar nicht mehr, wie oft wir uns mit Leuten unterhielten, die froh waren, ihre innersten Gefühle und ihre geheimen Hoffnungen und Vorstellungen offenbaren zu können. Es kam mir vor, als hätten wir eine ganz neue Lebensweise entdeckt, die ein Spiegel für die Träume anderer war.

Im Rückblick ist die Mischung aus praktischen Anforderungen und Inspiration, die unser Milchwagen-Trip mit sich brachte, und die Begeisterung, die er bei anderen Menschen auslöste, ein ideales Beispiel für den Konflikt, der in der Arbeitsweise des Gehirns angelegt ist – der Widerstreit zwischen Ordnung und Offenheit gegenüber dem Unbekannten. Die These vom zweigeteilten Gehirn, die in den 1960er und 70er Jahren aufkam, besagte, dass eine Hälfte des Gehirns für die Vernunft, die andere für die Emotionen zuständig sei. Mittlerweile weiß man, dass dem nicht so ist – beide Hälften tragen auf unterschiedliche Weise zu allen Aspekten unserer Wahrnehmung bei. Es steht dennoch außer Frage, dass das Gehirn zweigeteilt ist. Beide Hemisphären werden an der Schädelbasis durch das Corpus callosum verbunden, das den Austausch zwischen ihnen ermöglicht. Neurowissenschaftler glauben heute, dass eine der Funktionen des Corpus callosum eigentlich darin besteht, die Verbindung zwischen den beiden Hemisphären zu *blockieren*, was nahelegt, dass hier ein Kampf stattfindet (mehr davon später). An der Vorderseite des menschlichen Gehirns finden sich die Frontallappen, der Teil, der für das bewusste Denken zuständig ist. Diese Lappen ermöglichen es uns, uns von der unmittelbaren Erfahrung zu distanzieren, nachzudenken und vorauszuplanen; hier entstehen Einfühlungsvermögen und Verantwortung.

* * *

In dem Versuch, eine weniger abstrakte Erklärung für die Art und Weise zu finden, wie sich meine Weltsicht auf unserem Milchwagen-Trip – und beim langsamen Reisen generell – verändert hat, wandte ich mich einem Buch mit dem Titel *Inkognito* zu, das der viel beachtete Neurowissenschaftler David Eagleman geschrieben hat. Wenn Sie den

Eindruck haben, dass Ihr Bewusstsein Ihr Verhalten bestimmt, dann liegen Sie falsch. In den letzten Jahrzehnten haben die Neurowissenschaftler beunruhigende Erkenntnisse darüber gewonnen, wie viel Bewusstsein wir wirklich haben. Eagleman berichtet von verschiedenen Experimenten, die beweisen, dass unser Unterbewusstsein das meiste, was wir tun, kontrolliert. In einer zitierten Studie wird Männern eine Auswahl von Frauengesichtern vorgelegt, deren Attraktivität sie bewerten sollen. Auf der Hälfte der Bilder waren Frauen mit erweiterten Pupillen abgebildet. Die Männer bewerteten diese Frauen durchgängig als attraktiver als diejenigen mit normalen Pupillen, auch wenn keiner von ihnen dies als einen Grund für seine Wahl nannte. Sie trafen eine Entscheidung, wussten aber nicht, auf welcher Grundlage sie stattfand.

Vor einigen Jahren habe ich eine Studie von einer Gruppe von Wissenschaftlern des Max-Planck-Instituts für Kognitions- und Neurowissenschaften gelesen, in der es darum ging, wie das Gehirn Entscheidungen fällt. Verschiedenen Menschen wurde die einfache Aufgabe gestellt, entweder mit der rechten oder mit der linken Hand einen Knopf zu drücken, dabei wurden ihre Gehirnsignale aufgezeichnet. Die Testpersonen konnten selbst wählen, welche Hand sie benutzen wollten, aber sie mussten es sofort sagen, wenn sie sich entschieden hatten. Das Besondere an diesem Test war, dass die Forscher sich dafür interessierten, was passiert, *bevor* eine bewusste Entscheidung getroffen wird. Das erstaunliche Ergebnis war, dass die Forscher mittels der Analyse der Gehirnsignale voraussagen konnten, welche Hand die Testperson wählen würde, um den Knopf zu drücken, und zwar *sieben Sekunden* bevor die Testperson es selbst »wusste«. Wenn es um derartige einfache Aufgaben geht, hat unser Unterbewusstsein ganz offensichtlich die Kontrolle.

Das Experiment hat zusammen mit denen, die Eagleman beschreibt, alle möglichen Konsequenzen für das Konzept des freien Willens, doch die Forscher vom Max-Planck-Institut wiesen darauf hin, dass ihr Experiment zwar zu beweisen schien, dass unser Unterbewusstsein Entscheidungen trifft, ohne dass wir es merken, sie jedoch nicht herausgefunden hatten, ob das Bewusstsein die Fähigkeit besitzt, die Entscheidungen des Unterbewusstseins zu verwerfen, wenn sie erst einmal gefallen sind.

So viel ist klar: Unser Unterbewusstes entscheidet ständig für uns. Eagleman vergleicht es mit einer Zeitung, in der die Nachrichten auf die wichtigsten und interessantesten Meldungen reduziert werden. Sie kann nicht *alle* Meldungen aus der ganzen Welt enthalten, also präsentiert sie uns eine Auswahl, damit wir einen vernünftigen Eindruck davon bekommen, was so los ist. Das Bewusstsein ist die Zeitung, die das Unterbewusste geschaffen hat, um uns über seine wichtigsten Aktivitäten zu informieren, nicht über jede Kleinigkeit, die es für uns tut. Genauso verhält es sich, wenn wir denken, wir hätten eine Idee: Es stellt sich heraus, dass das Unterbewusstsein in Wirklichkeit bereits eine Weile daran gearbeitet hat; es präsentiert den Gedanken erst dann dem Bewusstsein, wenn es fertig ist, und dann halten wir inne und denken: »Wow, ich habe gerade eine großartige Idee gehabt.«

Ich fand das besonders faszinierend, weil ich schon immer fest davon überzeugt war, dass nicht wir die Ideen, sondern dass die Ideen uns haben. Sie kommen an den merkwürdigsten Orten über einen, wenn man in der Badewanne liegt, kurz vor dem Einschlafen ist oder aus dem Fenster schaut. Man kann es nicht erzwingen, es geschieht einfach. Aber offensichtlich haben wir zumindest Ideen – wenn wir akzeptieren, dass unser Unterbewusstsein genauso zu »uns« gehört wie unser Bewusstsein.

Eine weitere Analogie, die Neurowissenschaftler häufig verwenden, besagt, dass unser Unterbewusstsein so etwas wie ein Autopilot ist, während das Bewusstsein zum Einsatz kommt, wenn »wir« die Kontrolle übernehmen. Während ich diese Worte in meine Tastatur eintippe, bin ich mir völlig unbewusst über den Prozess, den mein Verstand, meine Augen, Arme und Hände vollziehen müssen, um sicherzustellen, dass ich die richtigen Tasten in der richtigen Reihenfolge treffe. Würde ich all diese Handlungen bewusst ausführen, würde es Jahre dauern, ein Buch wie dieses zu schreiben. Zum Glück ist mein Gehirn mit der Zeit sehr effizient geworden, was das Tippen angeht, also braucht sich mein Bewusstsein nicht darum zu kümmern, was sich hinter den Kulissen abspielt.

Wenn das Unterbewusstsein aber so sehr damit beschäftigt ist, alle möglichen Entscheidungen zu treffen und uns dabei behilflich zu sein, auf eine Art und Weise zu funktionieren, die uns nicht bewusst ist (wie Gehen oder Atmen), was tut dann eigentlich das Bewusstsein, und ist es wirklich der Ort, an dem sich das befindet, was wir für unser »Ich« halten? Um das zu erklären, erinnert Eagleman uns daran, wie es war, als wir Auto fahren lernten. Zunächst ist man sich über alles bewusst, was man tut, weil es so neu ist, und man fragt sich, ob man jemals lernen wird, es intuitiv zu tun. Einige Jahre nachdem man die Fahrprüfung bestanden hat, merkt man, dass man dazu in der Lage ist. So arbeitet das Bewusstsein. Es wird aktiviert, um mit neuen oder ungewöhnlichen Dingen umzugehen, wie sie im täglichen Leben auftreten. Wenn man die Straße entlangfährt und sich plötzlich die Tür eines geparkten Autos öffnet oder ein Kind auf die Straße springt, dann wechselt man von Unterbewusstsein zum Bewusstsein und wird sich plötzlich darüber klar, was man tut. Untersuchungen über die Reaktionen des Gehirns beim Spielen am Computer haben gezeigt, dass das Gehirn unglaublich hart arbeiten muss, wenn wir mit einer neuen Aufgabe oder einem neuen Spiel konfrontiert werden. Sobald es die neuen neurologischen Verknüpfungen geschaffen hat – oder die richtige Vorgehensweise für die Aufgabe ermittelt hat –, übernimmt das Unterbewusstsein, und der Ablauf wird viel effizienter. Also wird uns zunehmend weniger bewusst, wie wir Dinge tun, die wir bereits beherrschen. Auf diese Weise lernen wir, entwickeln uns weiter und übernehmen die Kontrolle über unsere Umgebung, sei es, dass wir Gitarre spielen lernen, uns in unserer Nachbarschaft zurechtfinden oder wissen, wie wir am besten an Nahrung gelangen. Wenn wir vor bekannten Situationen stehen, ist unser Unterbewusstsein zuständig; sobald wir diese Komfortzone verlassen, übernimmt das Bewusstsein.

* * *

All das hat sehr interessante Konsequenzen für das Reisen. Es legt nahe, dass wir aufmerksamer werden, wenn wir unseren vorhersehbaren Alltag hinter uns lassen, weil unser Bewusstsein aktiviert wird, um mit unseren neuen Erfahrungen umzugehen. Das könnte erklären, warum das Reisen so aufregend und spannend ist. Im Rückblick bietet sich somit eine interessante Erklärung für einige meiner eigenen Erfahrungen mit dem langsamen Reisen. War das plötzlich gesteigerte Glücksgefühl, das ich an der Straßenkreuzung in Frankreich empfand, als Henry und mir das Wasser ausgegangen war, etwa der Moment, in dem das Bewusstsein die Kontrolle übernahm? War der Moment des Abscheus in der Hotelbar in Warschau ein Zeichen dafür, dass mein Bewusstsein eine bekannte Situation erkannt und die Kontrolle an das Unterbewusstsein abgegeben hat? Ist das die

Erklärung dafür, dass alle Sinne geschärft sind, wenn man allein unterwegs ist, im Gegensatz zu der vertrauten Atmosphäre, in der man sich befindet, wenn man mit jemandem reist, den man kennt?

Auch die verschiedenen Arten der Zeitwahrnehmung könnten sich somit erklären lassen. Wir wissen, dass das Unterbewusstsein anders mit der Zeit umgeht. Wie oft sind Sie schon mit dem Auto eine bekannte Strecke gefahren, auf dem Weg zur Arbeit oder um die Eltern zu besuchen, und waren erstaunt, wie schnell Sie dort waren? Es ist fast so, als wären Sie mit den Gedanken ganz woanders gewesen und hätten nicht wie sonst bemerkt, wie die Zeit vergangen ist. Vergleichen Sie dies mit dem verlangsamten Gefühl, das sich einstellt, wenn Sie eine unbekannte Strecke fahren. Diese erste Fahrt scheint immer viel länger zu dauern als der Rückweg – könnte das ebenfalls mit unserem Bewusstsein bzw. Unterbewusstsein zusammenhängen? Was geschah, als ich mit einem Falken auf die Jagd ging und glaubte, ich hätte die Perspektive des Falken übernommen, weil ich die Wühlmäuse bemerkte, die vor meinen Füßen durchs Gras huschten? War das mein Bewusstsein, das die unbewusste, gewohnte Routine meiner normalen Wahrnehmung verdrängt hat, weil ich gezwungen war, *im Augenblick* zu leben und die Welt mit den Augen eines Habichts oder Falken zu sehen?

Es könnte auch erklären, warum Menschen »sich selbst finden«, wenn sie reisen, weil sie das Leben bewusster spüren, wenn sie interessante neue Wege gehen. Wenn man sich an fremden Orten und in fremden Kulturen befindet, fühlt man unweigerlich eine stärkere Verbindung zu sich selbst, weil die neue Situation das Bewusstsein wachruft. Der unterbewusste Autopilot, der den Alltag erledigt, wird ausgeschaltet, und das Bewusstsein übernimmt die Kontrolle. Natürlich gibt es weniger Anlass, das Bewusstsein zu bemühen, wenn man vorsätzlich auf gewohnte und sichere Weise reist.

Hier bietet sich eine hervorragende Gelegenheit, um zu verstehen – und ein für alle Mal zu definieren –, worin der Unterschied zwischen Reisen und Urlaubmachen besteht. Manchmal wollen wir uns in den Ferien einfach erholen, wir wollen nicht allzu sehr gefordert werden, und somit behält unser Unterbewusstsein die ganzen Ferien über die Kontrolle. Dann wieder wollen wir reisen und verspüren den Drang, die Welt aus einer anderen Perspektive zu erleben, was unser Bewusstsein auf den Plan ruft. Damit will ich nicht behaupten, es gäbe eine richtige oder falsche Art zu reisen oder dass man nicht beides unter einen Hut bringen kann – was vielleicht ja das eigentliche Ziel ist –, sondern nur, dass man mit Hilfe der Neurologie zwischen beiden Erfahrungen unterscheiden kann. Als Vater zweier Kleinkinder finde ich gelegentlich, dass ein unbewusster Urlaub, in dem alles vorhersehbar und einfach ist, genau das ist, was ich brauche, aber meistens möchte ich reisen und mein Bewusstsein die Kontrolle übernehmen lassen.

* * *

Ich hege keinerlei Zweifel daran, dass das Reisen einen dazu befähigt, die eigene Sicht auf die Welt zu ändern. Die Entdeckung, dass sich dies in der Funktionsweise meines Gehirns widerspiegelt, leuchtet mir völlig ein, weil ich mein Leben sicherlich bewusster wahrnehme, wenn ich weniger Kontrolle darüber habe. Wenn ich mir vorstelle, dass es konkrete Auswirkungen darauf hat, wie das Gehirn die Welt wahrnimmt, wenn man sich beim Reisen fremden Kulturen aussetzt, muss ich an einen Mann namens Rupert Isaacson denken, dem ich voriges Jahr begegnet bin.

Isaacson ist ein unglaublich inspirierender und spannender Mensch. Er ist ein Reiseautor, der in Großbritannien geboren wurde, mittlerweile aber in Texas lebt, und er hat eine dieser unglaublichen Reisen unternommen, über die man in Büchern liest oder die in Filmen vorkommen, zu denen man aber selbst nie kommt. Außerdem hat er ein Buch über seine Erlebnisse geschrieben und einen Film mit dem Titel *Der Pferdejunge* daraus gemacht. Darin wird erzählt, wie er zu Pferd mit seiner Frau Kristin und ihrem vierjährigen Sohn Rowan durch die Mongolei gereist ist, um Rowans Autismus zu heilen, aber nicht, um ihn davon zu kurieren. Der Unterschied zwischen beidem sagt viel über die Isaacsons aus.

Isaacson beschreibt auf erschütternde Weise, wie er und Kristin kämpfen mussten, um einen Umgang mit der Krankheit ihres Sohns zu finden, als Rowans zweiter Geburtstag bevorstand:

> Das Leben war plötzlich zu einer mechanischen Plackerei geworden, die daraus bestand, von einem Therapie- und Begutachtungstermin zum nächsten zu fahren und mit Versicherungen, Therapeuten und Rowans ständig zunehmenden, unerklärlichen Wutanfällen fertig zu werden. Anfällen auf der Straße …, wo Rowan sich als winzige menschliche Dezibelmaschine auf den Boden warf und Kopf und Fersen so heftig wie ein Epileptiker auf den Boden schlug, dass wir ihn bremsen mussten. Manchmal musste er sich bei seinen Wutanfällen in hohem Bogen erbrechen, genau wie das Kind im *Exorzisten*.

Eine Internetrecherche ergab widersprüchliche Ratschläge für den Umgang mit der Situation, aber auch Informationen, die den ratlosen Eltern verständlich machten, wie traumatisch Rowan die Welt wahrnahm. Autistische Kinder haben deutlich mehr Nervenzellen im Gehirn als »neurotypische« Menschen, deshalb sind sie ständig einer Reizüberflutung ausgesetzt, die wir uns kaum vorstellen können. Bei Rowan wurde schließlich eine nicht näher bezeichnete tiefgreifende Entwicklungsstörung namens PDD (Pervasive Developmental Disorder) diagnostiziert – eine Form von Autismus, mit der sich niemand wirklich auskannte. Man nahm an, dass sie durch eine Reaktion der Gene auf die Umwelt ausgelöst wird, was wiederum zu der Theorie führte, sie hätte biologische Ursachen und könnte daher auch biologisch behandelt werden. Also begannen die Isaacsons damit, ihren Sohn mit einem Medikamentencocktail zu füttern, den er nur trank, wenn er mit einer Schokoladenmilch gemischt war, die sehr viel Zucker enthielt, was die Anfälle noch verschlimmerte. Trotz dieser und einer Vielzahl von anderen Behandlungen und Herangehensweisen zeigte sich kaum eine Wirkung. Rowan verlor sich immer mehr in seiner eigenen Welt, sprach sehr wenig und wenn, dann wiederholte er nur Wörter, die er von anderen oder im Fernsehen aufgeschnappt hatte.

Doch dann fanden Rupert und Kristin eine Therapieform, die ihr Sohn liebte – nämlich im Wald hinter dem Haus herumzurennen. Rowan schien auch einen Draht zu Tieren zu haben. Er reagierte nicht nur auf Bilder von Tieren, sondern sie schienen ganz selbstverständlich mit ihm auszukommen: Sie ließen es zu, dass er mit ihnen spielte und so mit ihnen umsprang, wie sie es sich normalerweise von anderen Menschen nicht gefallen lassen würden. Eines Tages ereignete sich ein Durchbruch, als Rowan auf dem Grundstück des Nachbarn in eine Herde von fünf Pferden hineinrannte. Isaacson, der selbst ein passionierter Reiter und Pferdetrainer ist, hatte Rowan absichtlich von größeren Tieren ferngehalten, weil sie ihm eventuell gefährlich werden konnten. Entsetzt schildert er, was nun geschah:

> Er warf sich auf den Boden, direkt vor die Alphastute, die Herdenanführerin, ein großes braunes Quarter Horse namens Betsy. Ich erstarrte. Jede plötzliche Bewegung von ihm oder mir konnte sie erschrecken, so dass sie womöglich auf ihn drauftrampelte und ihn verletzte. Ich kannte die Stute. Sie ließ sich ruhig reiten, war aber den anderen Pferden gegenüber notorisch gereizt und außerdem deren unbestrittener Chef. ... Sie stand reglos da, genau wie die anderen vier Pferde, atmete durch die Nüstern, unsicher, was sie von diesem seltsamen menschlichen Wesen halten sollte, das da direkt vor ihren Hufen herumwuselte. Sie senkte den Kopf zu Rowans weicher, zappelnder Gestalt und kaute ab – das Zeichen von Unterwerfung bei Pferden.

Trotz seiner jahrelangen Erfahrung mit Pferden hatte Isaacson dergleichen noch nie gesehen. Als er Rowan anschließend auf Betsys Rücken legte, wurde der Junge ganz ruhig und begann auf eine Weise zu sprechen, wie er es noch nie getan hatte.

Der zweite Vorfall, der die Familie zu ihrer abenteuerlichen Reise inspirierte, ereignete sich wenige Wochen später. Isaacson hatte einige Jahre bei den Buschmännern in der Kalahariwüste verbracht, den letzten Abkömmlingen der Jäger- und-Sammler-Völker, die seit 80 000 Jahren in Afrika leben. Er hatte selbst erlebt, wie die Buschmänner Menschen geheilt haben, und dabei geholfen, Geld für eine Amerikareise zu sammeln, um ihren Kampf gegen die Regierung von Botswana bei der UNO publik zu machen. Jetzt kamen die Buschmänner nach Amerika, um sich mit anderen Heilern zu treffen, Stammesführern und Schamanen aus der ganzen Welt, und sich von ihnen berichten zu lassen, wie sie für ihre Landrechte gekämpft hatten, und die Isaacsons würden auch dabei sein.

Als die Familie auf der Versammlung in den Big Bear Mountains östlich von Los Angeles eintraf, benahm sich Rowan so wie üblich, rannte herum, verursachte ein Durcheinander und erschreckte einige Leute. Dann sagte ein Heiler aus Simbabwe namens Mandaza zu Isaacson, Rowan sei »einer von uns«, und fragte, ob er sich zu ihm setzen könne. Mandaza ließ seine Hände über Rowans Kopf und Rückgrat gleiten. Isaacson erwartete, dass sein Sohn »ausflippen« würde, wie er es normalerweise tat, wenn ihn ein Unbekannter berührte, doch Rowan wurde ganz ruhig und fing an zu kichern. Später am Tag, als sie durch den Wald gingen, fing er zum ersten Mal von sich aus an zu sprechen. In den folgenden Tagen spielte er mit anderen Kleinkindern, was er noch nie getan hatte. Doch als die Familie wieder nach Hause kam, kehrte er zu seinem »normalen« Verhalten zurück.

Zu diesem Zeitpunkt begann Isaacson zu den beiden Themen zu recherchieren, die bislang den positivsten Einfluss auf Rowans Leben gezeigt hatten: schamanische Heilkunst und Pferde. Er fand heraus, dass es in der Mongolei bereits in der Eiszeit die ersten Pferde gab und auch die Schamanen ursprünglich von dort stammten; Schamanismus und Buddhismus waren die Staatsreligionen. Die mächtigsten Schamanen lebten angeblich unter den Rentiermenschen in den nördlichsten Ausläufern der Mongolei. Es brauchte einiges an Überredung und Arbeit, um die Reise durch Spenden zu finanzieren, aber schließlich willigte Kristin ein, und sie fanden sich in Begleitung eines kleinen Filmteams an Bord einer Aeroflot-Maschine auf dem Weg in die mongolische Steppe wieder. Kristin scherzte, dass sich dieser Trip, egal wie verrückt er noch werden würde, bereits gelohnt hätte, wenn die Schamanen Rowan beibrächten, alleine auf die Toilette zu gehen.

Autismus ist eine hochkomplexe neurologische Krankheit, die die Kommunikationsfähigkeit und Interaktion mit der Umwelt beeinträchtigt. Bei autistischen Kindern entwickelt sich das Gehirn zunächst viel schneller als bei anderen, doch wenn sie älter werden, verlangsamt sich das Wachstum. Das könnte der Grund für gewisse überentwickelte Fähigkeiten sein, die Autisten auf speziellen Gebieten haben, während andere unterentwickelt bleiben.

Rowans Draht zu Tieren veranlasste seinen Vater, Dr. Temple Grandin aufzusuchen, die selbst Autistin ist und es ihrer eigenen Aussage nach fertiggebracht hat, sich von einem nahezu unansprechbaren Kind, das »in einem Stuhl schaukelte und die Tapete abkaute«, zu einer Dozentin an der Colorado State University und Bestsellerautorin zu entwickeln, deren Lebensgeschichte in Hollywood mit Claire Danes in der Hauptrolle verfilmt wurde. Sie erklärte ihm, dass viele Autisten wie sie selbst in Bildern anstatt in Worten dächten. Auch Tiere benutzen keine Sprache. Sie denken sensorisch, in Geräuschen, Gerüchen und Bildern, was erklärt, warum sie dazu in der Lage sind, ihrer Umwelt so viele Informationen zu entnehmen, die uns vollständig verborgen bleiben. Bildhaftes Denken bietet eine schlüssige Erklärung dafür, warum Rowan Tierbilder dazu benutzte, um seine eigenen Gefühle auszudrücken, und wie er dazu in der Lage war, Tiere auf eine Weise zu »verstehen«, wie sie »neurotypischen« Menschen nicht gegeben ist.

Ich sah mir eine von Dr. Grandins Vorlesungen im Internet an, in der sie erläutert, wie wichtig es ist, offen für verschiedene Denkweisen zu sein. Sie teilt die Art und Weise, wie Menschen denken, in drei Kategorien ein – visuell, schematisch und verbal. Die meisten Menschen benutzen eine Kombination aus allen dreien, Autisten tendieren allerdings extrem dazu, nur in einer der drei Kategorien zu denken. Ihr eigener Denkprozess besteht aus hypersensitiver Bilderinnerung, als würde ihr Verstand die Ergebnisse einer Google-Bildersuche durchgehen. Sie glaubt, dass die Extreme jeder Kategorie, die sich bei Autisten finden, für unsere Evolution als Spezies verantwortlich sind: »Wenn der Autismus wie durch Zauberei aus der Welt verschwunden wäre, würden die Menschen sich immer noch um ein Holzfeuer vor einer Höhle versammeln.« Wenn Ihnen das weit hergeholt erscheint, bedenken Sie, wie erfolgreich technische Innovationen heute wären, wenn man alle Menschen, die im weitesten Sinne autistisch sind, aus Oxford, Cambridge oder Silicon Valley entlassen würde.

* * *

Als die Isaacsons in der Mongolei eintrafen, holte Tulga, ihr Führer, sie vom Flughafen ab und brachte sie einige Tage später zu dem Ort, an dem die erste Heilung stattfinden sollte. Es war die größte Versammlung von Schamanen seit dem Ende des Kommunismus, denn unter den Sowjets waren die alten Riten verboten worden – eine Trommel zu besitzen konnte einen schon ins Gefängnis bringen –, und sie kamen erst langsam wieder auf. Manche der Schamanen waren Hunderte von Kilometern gereist, um teilnehmen zu können. An diesem Tag musste die Familie Isaacson außerordentliche Geduld und Leidensbereitschaft beweisen – Rupert und Kristin wurden wiederholt mit einer Peitsche geschlagen, als das Ritual mit Tanz und lautstarkem Getöse seinen Höhepunkt erreichte. Sie wurden von einem Schamanen zum nächsten weitergereicht und aufgefordert, einige seltsame Handlungen zu vollziehen. Gemessen daran, wie er normalerweise auf intensive Reize reagierte, ertrug Rowan alles mit weniger Klagen als die meisten der Behandlungen, denen er zu Hause ausgesetzt gewesen war. Er schien das Ganze vielmehr lustig zu finden. Obwohl die Situation etwas Manisches hatte – Trommeln wurden geschlagen, und die Schamanen in Trance kreischten ihm ins Gesicht –, lachte er die ganze Zeit und versuchte einem Schamanen die Maske abzureißen. Dann ließ er einen sehr lauten Furz fahren und rief: »Pups, pups! Mehr Schamanen!«

Als drei Stunden vergangen waren, sagte einer der Schamanen zu Isaacson (Tulga übersetzte), wenn sie diese Prozedur einmal jährlich über drei Jahre mitmachen würden, würde Rowan vollkommen geheilt werden, es käme jedoch noch ein Ritual. Es fiel mir schwer weiterzulesen, denn dabei wurde Rowan auf den Rücken geschlagen. Er schrie, und Isaacson ging dazwischen, wurde jedoch weggezogen, und dann war das Ritual beendet. Eine Schamanin nahm den offensichtlich verstörten Rowan in die Arme und begann zu singen. Er beruhigte sich sofort und nannte sie seine mongolische Mutter.

Isaacson stellt ständig seine eigenen Motive in Frage und rechtfertigt sich damit, dass er verzweifelt war, aber dennoch ist es offensichtlich, dass ein Teil von ihm wirklich an diese Prozedur glaubt. Den Grund dafür, dass er seine Familie alldem ausgesetzt hat, beschreibt er wiederholt als »Eingebung«; er sei seiner »inneren Stimme« gefolgt, auch wenn er nicht genau erklären kann, was das bedeutet.

Doch die Reise zu Pferd hatte noch nicht einmal begonnen. Einige Tage nach der schamanischen Handlung führt Tulga die Familie zu einer Gruppe von Nomaden, die sie mit auf einen achttägigen Ritt zum heiligen Scharga-See und weiter zu den Rentiermenschen nehmen würde. Als die Familie endlich auf schmalen, unbefestigten Wegen das Nomadenlager erreicht, das buchstäblich im Nirgendwo liegt, beschreibt Isaacson, wie sich seine Wahrnehmung verschiebt:

> So eine Reise von Nirgendwo nach Nirgendwo programmiert das Gehirn neu, als würde man den inneren Kilometerstand auf null setzen oder eine Tafel abwischen. *Und jetzt?*, fragt der Verstand. *Was jetzt?*

Inzwischen benahmen sich Rowan und Tulgas Sohn Tomoo wie alle anderen kleinen Kinder – sie spielten zusammen, lachten und alberten herum. Nur taten sie das inmitten der Nomadenherden in den mongolischen Bergen. Isaacson wagte kaum, daran zu glauben, dass die Rituale der Schamanen gewirkt hatten, doch Rowan hatte vorher noch nie so mit anderen Kindern gespielt, wie er es mit Tomoo tat. Am nächsten Morgen nach dem Aufwachen würden sie ihren Ritt antreten.

Wichtig für unsere Zwecke ist die Tatsache, dass die Reise eine deutliche Veränderung in Rowan hervorrief – die noch lange anhielt, nachdem sie wieder zu Hause waren. Heute hat Rowan eine sehr viel höhere Lebensqualität als vorher. Er ist zwar nicht von seinem Autismus »geheilt« worden, doch bei seinen Eltern und Freunden besteht kein Zweifel darüber, dass er sich sehr verändert hat. Wer weiß schon, ob es an den Heilkräften der Schamanen lag? Vielleicht war auch die gemeinsame Reise mit der Familie oder einfach nur das Reiten ein Akt der Heilung? Tatsache ist, dass der Mut – oder die Eingebung –, der die Isaacsons zu dieser Reise aufbrechen ließ, die Wahrnehmung veränderte, die Rowans Gehirn von der Welt hatte. Ihre Geschichte beweist, dass wir alle dazu in der Lage sind, Zugang zu anderen Teilen unseres Bewusstseins zu erlangen, wenn wir reisen, wenn auch in unterschiedlichen Ausmaßen.

* * *

Mein Milchwagen-Trip durch England wirkt im Vergleich zu der Geschichte des Pferdejungen eher harmlos, aber beide Reisen beruhten auf denselben drei Prinzipien: der Eingebung, das Richtige zu tun, langsam zu reisen und sich auf die Großzügigkeit einer Gemeinschaft zu verlassen, die keiner der Teilnehmer vorher kannte.

Der Gemeinschaftssinn, dem wir auf unserer Reise durch England begegneten, ist das, woran ich mich heute am deutlichsten erinnere. Ich hatte noch nie etwas für Sehenswürdigkeiten übrig, also mieden wir sie so gut es ging. Dafür entdeckten wir eine ganz andere Art von Sehenswürdigkeiten. Solche, die sich nicht festlegen lassen, so dass man keinen Trip planen könnte, um sie ausfindig zu machen. Wir entdeckten sie nicht in einem Reiseführer oder in einem Prospekt, sondern indem wir unserem Instinkt und unserer Neugier folgten. Sie saßen auf Barhockern, lagen an lodernden Feuern, hockten auf einem Baum, spähten unter das Fahrgestell des Milchwagens, um das Bremskabel zu überprüfen, arbeiteten in Fabriken, wohnten an der Straße, auf dem Campingplatz; eine fanden wir sogar in einem riesigen Supermarkt in einem Einkaufszentrum. Es waren Sehenswürdigkeiten, die ihre eigenen Geschichten, Überzeugungen und Vorstellungen hatten. Natürlich waren es Menschen, nicht Orte oder Dinge. Menschen, denen wir unterwegs begegneten und deren Leben sich mit unseren überschnitten.

Solche Erlebnisse lassen sich nicht wiederholen, sie sind unvorhersehbar; es sind diese Momente, die Gespräche und die Witze, an die ich mich fünf Jahre später erinnere. Ich bin mir sicher, dass ich mich in Zukunft an andere Momente und andere Eindrücke von diesem Trip erinnern werde, weil das Reisen eine Erfahrung ist, die sich weiterentwickelt. Sie besteht nicht aus Fotografien oder aus vergangenen Momenten, die von Chronos dahingemäht wurden. Stattdessen bewahrt man sie in der eigenen Erinnerung, und wenn man ein kleines Stück davon braucht, eine andere Perspektive oder etwas bisher verborgen Gebliebenes, dann wird es im eigenen Bewusstsein auftauchen.

* * *

Rupert Isaacsons Reise war ebenfalls noch nicht zu Ende, als er nach Hause zurückkehrte. Er nahm das, was er gelernt hatte, als er Rowan helfen wollte, zum Anlass, eine Stiftung namens »The Horse Boy Foundation« zu gründen. Heute bietet er Pferdetherapie für Menschen mit allen möglichen Arten von Autismus an. Durch die Liebe zu ihrem Sohn und reine Willenskraft sind er und Kristin auf eine neue Therapie gestoßen, die vielen anderen Familien Hoffnung bringt, weil sich herausgestellt hat, dass es die eigene Wahrnehmung verändern kann, wenn man sich auf ein Pferd setzt. Heute ist bekannt, dass das ständige Überprüfen der Körperhaltung, um das Gleichgewicht zu halten, die Teile des Gehirns aktiviert, die auch fürs Lernen zuständig sind. Zusammengenommen mit der Sicherheit, die ein Kind verspürt, wenn es von einem Erwachsenen gehalten wird, der hinter ihm auf dem Pferd sitzt, und der Tatsache, dass der Erwachsene das Kind beim Reiten mit Worten beruhigen kann, ohne es dazu zu zwingen, Augenkontakt zu haben (was für Autisten irritierend ist), scheint all das einigen autistischen Kindern dabei zu helfen, aus sich herauszukommen. Es ist auch belegt, dass beim Reiten Oxytocin freigesetzt wird, das einem ein Gefühl von Ruhe und Sicherheit vermittelt.

Isaacsons Eingebung und seine innere Stimme, die ihn dazu verleiteten, die mongolische Steppe zu Pferd zu durchqueren, um nach den Schamanen zu suchen, ergibt somit auch im wissenschaftlichen Kontext einen Sinn, selbst wenn es zunächst so aussah, als wäre das Ganze vollkommen irrational. Es war sein Unterbewusstsein, das ihm sagte, dass er auf dem richtigen Weg ist.

Kapitel 6
Verliere den Kopf

Der intuitive Geist ist ein heiliges Geschenk und der rationale Geist ein treuer Diener. Wir haben eine Gesellschaft erschaffen, die den Diener ehrt und das Geschenk vergessen hat.
             Albert Einstein

Wenn es eine Herangehensweise an das Reisen ist, einer scheinbar verrückten Eingebung ins Unbekannte zu folgen, dann bestünde das Gegenteil darin, auf die Suche nach Dingen zu gehen, von denen man bereits weiß, dass sie existieren. In London gehe ich auf meinem Weg zur Arbeit oft am Buckingham Palace vorbei, durch den Green Park oder hinüber zum Picadilly Circus, bevor ich Soho ansteuere. Am Buckingham Palace ist es immer voller Touristen, und mit den Jahren ist mir aufgefallen, dass die vielen Menschen, die dort aus den Bussen steigen, um durch das Gitter zu spähen, etwas Eigenartiges an sich haben.

Auf dem Weg zum Buckingham Palace sind die Touristen aufgekratzt und plaudern miteinander, doch wenn sie vor dem Gebäude angelangt sind, scheint das aufzuhören. Sogar die kichernden Schulkinder, die alle die gleichen Rucksäcke tragen, scheinen in eine Art von Trance zu verfallen. Natürlich bleibt es nicht aus, dass manche für Fotos posieren, doch es gibt auch Menschen, die ins Leere starren und etwas verwirrt erscheinen. Die Straße ist gewöhnlich gesperrt, also strömen die Massen zum Springbrunnen und laufen dort im Kreis herum, als wären sie auf der Suche nach etwas, das offensichtlich gar nicht da ist.

Wenn man selbst ein Tourist ist, wird einem dieser leere Gesichtsausdruck vermutlich nicht weiter auffallen, aber er ist deutlich erkennbar, wenn man einen Ort gut kennt. Auch ich habe bei unzähligen Gelegenheiten ein verblüfftes Gesicht gemacht. Als ich 15 Jahre alt war, besichtigte ich die Pyramiden und habe einen Moment lang gestaunt, doch dann setzte schnell die Langeweile ein. Ich stand da und dachte: »Wie lange muss ich sie mir denn jetzt ansehen?« und »Wonach halte ich eigentlich Ausschau?« Als wir ein paar Stunden später wieder im Bus saßen, empfand ich eine deutliche Leere, für die ich die Tatsache verantwortlich machte, dass ich die Pyramiden zwar gesehen, aber nicht berührt hatte. Ich kann mich immer noch daran erinnern, wie enttäuscht ich war, dass ich keinen angemessenen Eindruck gewonnen hatte, und schwor mir, ich würde zurückkehren.

Bislang ist das nicht geschehen, aber im Rückblick frage ich mich, ob es einen Unterschied gemacht hätte, wenn ich sie berührt hätte. Das Gefühl, nicht das gefunden zu haben, was man gesucht hat, habe ich seither noch oft gehabt. Wenn etwas ein »Muss« ist, scheinen sich das Staunen und die Faszination, die ich vorher dafür empfunden habe, eher zu *verflüchtigen*, wenn ich schließlich davor stehe. Manchmal erlebt man einen kurzen Schockeffekt, wenn die Sehenswürdigkeit besonders gewaltig ist, aber meistens wird mein Kopf ganz leer, wenn ich mich unter die Touristen mische und mich in eine ordentliche Schlange einreihe. Ich bin an einigen der berühmtesten Stätten der Welt ziellos herumgewandert – nicht im positiven Sinne – und fand das Ganze immer merkwürdig nichtssagend. Ich bin durch Kirchen, Museen und Galerien getrottet – so viele, dass ich sie kaum mehr unterscheiden kann – und erinnere mich nur noch daran, wie sehr mir dabei die Beine wehtaten. Ich frage mich, ob wir alle konspirativ beschlossen haben, darüber zu schweigen. Oder findet irgendjemand diese Gepflogenheit auch nur ansatzweise bereichernd?

Es gibt noch andere verräterische Anzeichen für ein »Muss«. In London merkt man, dass man in der Nähe einer berühmten Sehenswürdigkeit ist, wenn man anständige öffentliche Toiletten entdeckt. Das ist ein Hinweis darauf, dass die Regierung vor allem daran interessiert ist, wie die Touristen die Stadt erleben, was auf Kosten der Einheimischen geht, doch das soll hier nicht vertieft werden. Die Atmosphäre an solchen Orten ist auf der ganzen Welt die gleiche – oft wirkt sie vollkommen künstlich, was dadurch verstärkt wird, dass die Einheimischen sie um jeden Preis meiden.

Der St. James's Park in der Nähe des Buckingham Palace ist ein typisches Beispiel. Die Londoner gehen nie dorthin. Er ist voller Touristen, die Hotdogs oder T-Shirts und Hüte kaufen, die mit der britischen Flagge geschmückt sind. Solche Orte werden zum Symbol einer Nation, doch sie sind vollkommen künstlich, existieren nur in den Köpfen der Touristen und bestätigen das, was sie erwartet haben. Interessanterweise handelt es sich meist um historische Sehenswürdigkeiten, die die Vergangenheit repräsentieren, nicht die Gegenwart. Sie spiegeln nur selten die Vorstellungen, Werte oder Sichtweisen wider, die die jeweilige Kultur zu dem Zeitpunkt ausmachen, an dem man sie besucht. Seltsamerweise scheint ihr historischer, kultureller oder geografischer Bekanntheitsgrad dennoch so etwas wie Geborgenheit zu vermitteln.

Natürlich haben Leute wie ich, Zweig und die anderen

Reiseschriftsteller, die ich erwähnt habe, gut reden, doch das eigentliche Faszinosum liegt darin, dass so viele unter uns damit zufrieden sind, auf diese Weise zu reisen. Ich behaupte nicht – mit den Worten von Evelyn Waugh –, dass »der Tourist immer der andere ist«, denn ich bin genauso wie alle anderen. Doch aus irgendeinem Grund *wollen* wir, wenn wir auf diese Weise reisen, unsere vorgefassten Ansichten bestätigt sehen. Die Touristen *wollen* ein Foto von einem Londoner Bus, einer roten Telefonzelle und dem Buckingham Palace, weil es beweist, dass sie dort gewesen sind. Häufig reicht es, ein Foto zu machen, und danach gehen wir zufrieden weiter. Aber tatsächlich sind wir kein bisschen über unsere vorgefassten Ansichten hinausgekommen.

Warum sind diese Klischees eigentlich so tröstlich? Warum drängeln wir uns alle an diesen nichtssagenden Orten herum? Warum habe ich Fotos von mir auf dem Eiffelturm, der Karlsbrücke in Prag, der Spanischen Treppe in Rom, dem Markusplatz in Venedig oder dem World Trade Center in New York? Ich könnte ewig so weitermachen, so wie wir alle. Wonach sind wir wirklich auf der Suche?

Nicht nur der Besuch der wichtigsten Sehenswürdigkeiten gibt uns beim Reisen ein Gefühl von Ordnung. Die Formulierungen, die wir benutzen, wenn wir darüber sprechen, sind ebenfalls aufschlussreich. Die Leute sagen: »Habt ihr dies und das besichtigt?« »O ja, das habe ich schon vor Jahren gesehen!« Als ob es ausreichen würde, irgendwo ein paar Stunden zu verbringen, um das Ganze vollständig zu erfassen. Wenn man nach London kommt, muss man den Buckingham Palace sehen, genauso wie in Rom das Kolosseum. Wenn man etwas einmal abgehakt hat, gibt es keinen Grund, wieder hinzufahren. Dazu kommt die Art und Weise, wie die Leute über das Reisen an sich sprechen. Wenn Sie abends im Pub erwähnen, dass Sie planen, nach Vietnam zu fahren, dauert es nicht lange, bis jemand geringschätzig bemerkt: »Ach, da war ich schon« und das Terrain im Gespräch mit seiner Fahne markiert, als wäre er Christoph Kolumbus höchstpersönlich. Wenn wir reisen, wollen wir das Gefühl haben, wir hätten etwas geleistet, aber die Strukturen, denen wir uns unterwerfen, scheinen das unmöglich zu machen. Das Bedürfnis nach Ordnung wird von den Inklusivangeboten und den Pauschalreisen der Reiseveranstalter bedient, doch selbst wenn wir uns nicht in ihre Hände begeben, klappern die meisten von uns eine Reiseroute ab, die nur die üblichen Sehenswürdigkeiten enthält.

* * *

Ich glaube, dass es eine Kombination aus diesen Bedürfnissen ist, die das Paradox des modernen Reisens letztendlich erklärt. Wir sind ins Gegenteil von dem verfallen, was wir intuitiv darunter verstehen. Wir wollen das Exotische und das Unbekannte aus einem übergeordneten und vertrauten Blickwinkel erleben. Es ist verlockend, daraus den Schluss zu ziehen, dieses Bedürfnis nach Zuverlässigkeit und Ordnung sei daran schuld, dass wir auf die »falsche« Weise reisen, während meine Idee, mit einem Milchwagen durch England zu fahren, und die Eingebung, die die Familie Isaacson dazu brachte, die Mongolei zu Pferd zu durchqueren, Beispiele für »richtiges« Reisen sind. Aber eigentlich gibt es kein »richtig« oder »falsch«. Die meisten Menschen würden wahrscheinlich nicht in einem alten Milchwagen durch England fahren, genauso wenig wie ich die Buddha Bar in Marbella aufsuchen würde. Ich habe den Eindruck, wir alle wollen eine Kombination aus *beidem*, doch die Infrastruktur, die uns angeboten wird, ist auf Bequemlichkeit und Zuverlässigkeit ausgerichtet, und nur wenige unter uns sind darauf vorbereitet, sich einer Reise ins Unbekannte auszusetzen. Wir brauchen einen Mittelweg oder zumindest die Einsicht, dass beides möglich ist, damit wir bewusst zwischen beidem wählen können.

Wir haben bereits gesehen, auf wie verschiedene Art und Weise wir auf unser Bewusstsein zugreifen, doch das Gehirn ist sehr viel komplizierter und unergründlicher als der Unterschied zwischen Bewusstsein und Unterbewusstsein. Auf der Suche nach weiteren Informationen über das Gehirn stieß ich auf ein Werk des Psychiaters und Philosophen Iain McGilchrist mit dem Titel *The Master and His Emissary*. Wie Zeki interessiert sich McGilchrist sowohl dafür, wie die Arbeitsweise des Gehirns unser Leben und unsere Entscheidungen beeinflusst, als auch für seine komplexen Funktionsmechanismen, und er konzentriert seine Überlegungen darauf, beides miteinander zu verbinden. Der Titel seines Buchs verweist auf den Kampf, der seiner Ansicht nach zwischen den beiden Hemisphären des Gehirns ausgefochten wird. Eine Seite scheint immer zu gewinnen, was der Grund dafür ist, dass wir unsere Weltsicht zunehmend diesem Blickwinkel angleichen.

McGilchrist hat die Analogie von Herr und Knecht von Nietzsche entlehnt und als Kampf zwischen Herrn (*Master*) und Abgesandtem (*Emissary*) neu formuliert. Der Herr wird als spiritueller Führer beschrieben, dessen Weisheit es seinen Untertanen erlaubt, ein glückliches und erfülltes Leben zu führen. Um den Überblick zu behalten, muss er Abstand von den Alltagssorgen seines Volkes halten und eine Reihe von Abgesandten benutzen, die an seiner Stelle handeln. Einer von ihnen ist so tüchtig, dass der Herr sich bald vollkommen auf ihn verlässt. Nach einiger Zeit beginnt der Abgesandte sich zu fragen, was der Herr eigentlich tut. Er ärgert sich zunehmend darüber, dass er derjenige ist, der die ganze Arbeit erledigen muss. Schließlich stürzt er den Herrn und begreift erst danach, worin dessen Funktion eigentlich bestand. Da der Abgesandte unfähig ist, weise Ratschläge zu geben, bricht die Gesellschaft bald zusammen.

Für McGilchrist steht der Herr für die rechte Hemisphäre des Gehirns und der Abgesandte für die linke. Die rechte Hälfte ist eher intuitiv und allem Neuen gegenüber aufgeschlossen, während die linke von Struktur und Ordnung bestimmt wird. Die linke Hemisphäre verleiht der Welt mittels der Sprache eine Ordnung. Die rechte Hemisphäre spielt dagegen eine abstraktere Rolle. Für McGilchrist liegt das Wesentliche darin, ein Gleichgewicht zwischen den Wahrnehmungen beider Hemisphären zu schaffen; im Westen hätten wir uns jedoch daran gewöhnt, dem Abgesandten – der linken Hemisphäre mit ihrer Vorliebe für Ordnung und Detailgenauigkeit – die Kontrolle zu überlassen.

McGilchrist behauptet nicht, das Gehirn sei so aufgeteilt, wie man es in den 1960er und 70er Jahren annahm. Er sagt, nachdem sich diese Theorie als falsch erwiesen hätte, hätten wir begonnen, die offensichtlichen Unterschiede zwischen den Gehirnhälften zu ignorieren. Seine Arbeit ist der Versuch, uns erneut auf diese eindeutigen Unterschiede hinzuweisen und sie zu erklären. Immer wieder kommt er darauf zurück, dass beide Hemisphären nötig sind, um die meisten Funktionen auszuführen, um die es uns hier geht.

McGilchrist argumentiert auf der Grundlage dessen, was wir über die Funktionsweise der jeweiligen Hemisphäre wissen, und der Tatsache, dass die Teilung des Gehirns sich im Verlauf der Evolution immer stärker ausgeprägt hat – das menschliche Gehirn wird also zunehmend kleinteiliger. Das Corpus callosum, das die Kommunikation zwischen beiden Hemisphären unterbindet, wie man heute weiß, ist im Zuge der Evolution ebenfalls größer geworden. Daran wird deutlich, dass wir als Spezies dazu bestimmt sind, immer differenziertere Gehirne zu haben, wenn wir uns kontinuierlich weiterentwickeln. Vögel und Säugetiere haben ebenfalls geteilte Gehirne, und um die unterschiedlichen Arbeitsweisen der beiden Hälften zu erklären, führt McGilchrist als Beispiel einen Vogel an, der Körner von einem Kiesweg aufpickt. Der Vogel muss dazu in der Lage sein, die Körner von den gleich großen Kieseln zu unterscheiden, zugleich muss er auf mögliche Angreifer achten, um sich vor ihnen zu schützen, und nach potenziellen Partnern Ausschau halten. McGilchrist erläutert, dass Vögel die linke Gehirnhälfte dazu benutzen, um sich auf die Körner zu konzentrieren, und die rechte, um Unbekanntem gegenüber offen zu sein. Beim menschlichen Gehirn ist die rechte Hemisphäre ebenfalls auf eine aufmerksamere, kontinuierlichere und offenere Weise aktiv, während die linke Hemisphäre einen viel eingeschränkteren, detailorientierteren Fokus hat. Die linke Hemisphäre kontrolliert die rechte Seite des Körpers und die rechte Hemisphäre die linke.

McGilchrist nennt Beispiele von Patienten, die durch einen Unfall oder einen Schlaganfall ihre rechte Gehirnhälfte nicht mehr benutzen können; in einigen Extremfällen kann der Patient seine linke Körperhälfte nicht mehr wahrnehmen. Er beschreibt eine Frau, die sich weigerte zu akzeptieren, dass ihr linker Arm zu ihr gehörte, obwohl sie mit ihrem gesunden Auge sehen konnte, dass er mit ihrem Körper verbunden war. Durch die Beschädigung der rechten Hemisphäre waren die beiden Gehirnhälften voneinander getrennt worden, und die linke Hälfte war einer breiteren, intuitiveren Wahrnehmung der Welt nicht gewachsen: Ohne mit der rechten Hälfte kommunizieren zu können, musste sie sich vollständig auf das verlassen, was sie bereits wusste, nämlich dass sie für die rechte Seite des Körpers zuständig war, nicht für die linke. Dadurch ergab sich der Schluss, dass das, was sie sah, nicht real war. Für eine ausgewogene und vernünftige Weltsicht sind also beide Gehirnhälften nötig, selbst wenn man immer noch ein relativ normales Leben führen kann, wenn man das Pech hat, eine der beiden Hälften zu »verlieren«.

Das Faszinierende an diesen unterschiedlichen Perspektiven ist laut McGilchrist die Art und Weise, wie die Frontallappen es uns ermöglichen, uns von unseren unmittelbaren Erfahrungen zu distanzieren. Diese Distanz – die durch unser Bewusstsein möglich wird und aus den Perspektiven beider Gehirnhälften entsteht – erlaubt es uns, unsere Umwelt zu beeinflussen und zu ordnen und uns in sie und in andere Lebewesen hineinzuversetzen, denen wir begegnen. In einer seiner Vorlesungen reduziert McGilchrist sein umfangreiches Werk auf eine Liste von Handlungen, die die jeweilige Gehirnhälfte vollführt und aus der die unterschiedlichen Wahrnehmungen beider Hälften entstehen:

> Die Welt der linken Hemisphäre beruht auf denotativer Sprache und Abstraktion, sie erzeugt Klarheit und die Fähigkeit, mit Bekanntem umzugehen, das festgelegt, statisch, isoliert, dekontextualisiert, eindeutig und allgemein, aber letztlich leblos ist.
>
> Die rechte Hemisphäre hingegen bringt eine Welt voller individueller, veränderlicher, sich entwickelnder, vernetzter, implizierter, personifizierter Lebewesen hervor, die im lebensweltlichen Kontext stehen. Dieser ist jedoch niemals völlig greifbar oder erfassbar.

McGilchrist bezeichnet die linke Hemisphäre als den Silvio Berlusconi des Gehirns: Sie kontrolliert das Medium Sprache und ist damit für die Unausgewogenheit unserer Wahrnehmungen verantwortlich, weil die rechte Hemisphäre die linke braucht, um ihre Vorstellungen und Anliegen zu vermitteln.

Anhand dieses Wissens können wir besser verstehen, was wir wollen, wenn wir reisen, und welches Paradoxon dahintersteht. Die linke Hemisphäre versteht Dinge, die bewährt, vertraut und eng fokussiert sind, was vermutlich der Grund dafür ist, dass wir sofort losgehen und uns einen Reiseführer kaufen, wenn wir uns für ein Reiseziel entschieden haben. Doch die rechte Gehirnhälfte möchte, dass wir offen für neue Ideen und neue Perspektiven sind, was der Grund dafür sein könnte, dass uns die Informationen aus dem Reiseführer schnell langweilen. Heutzutage wird uns das Reisen auf der Grundlage dessen verkauft, was der rechten Hemisphäre zufolge intuitiv zum Reisen gehört – Entdeckungen, Lernen, das Unbekannte –, doch der Prozess des Reisens an sich entspricht zunehmend der strukturierten Weltsicht der linken Hemisphäre.

Unsere schönsten Reiseerlebnisse bestehen sicherlich aus einer Kombination aus beiden Ansätzen, einem Gleichgewicht zwischen der Ordnung und dem Unbekannten. Meine Erfahrungen mit dem langsamen Reisen sind ein Beispiel dafür. Auch wenn es unbequem sein mag, einen Fernzug zu nehmen, anstatt in ein Flugzeug zu steigen, so sind diese Züge doch (meistens) zuverlässig im Hinblick auf die Dauer der Fahrt und das Ziel, das man erreichen will – das gefällt der linken Gehirnhälfte. Doch es gibt noch immer genug Raum für das Unbekannte, um mein Bewusstsein und meine rechte Gehirnhälfte zu erfreuen, weil ich unterwegs mit fremden Sprachen, Kulturen, Menschen, Dingen, die ich vom Fenster aus sehe, und müßigen Gedanken konfrontiert werde.

* * *

Wenn herkömmliche Pauschalangebote und Sightseeing-Touren die Art des Reisens sind, die der linken Gehirnhälfte gefallen, und das langsame Reisen eine ausgewogenere Herangehensweise darstellt, welche Form des Reisens entspricht dann der rechten Gehirnhälfte? Als Beispiel dafür möchte ich Ihnen Jay Griffiths und ihr Buch Wild vorstellen.

Ich habe Wild bereits mehrmals gelesen, aber nachdem ich mit McGilchrists Argumenten vertraut war, wurde es für mich noch faszinierender. In den besten Reisebüchern werden nicht nur Orte beschrieben – sondern sie sind auch Reisen in das Bewusstsein des Verfassers. Griffiths erzählt in ihrem Buch davon, wie sie in eine schwere Depression geriet und den Entschluss fasste, sich auf die Suche nach einem halluzinogenen Getränk namens »Ayahuasca« zu machen, das von Schamanen im Amazonasdschungel hergestellt wird. Diese Entscheidung könnte man – ähnlich wie Isaacsons Eingebung – der linken Gehirnhälfte zuschreiben, die die Kontrolle an die rechte Gehirnhälfte abgibt, weil alle scheinbar bewährten und bekannten Methoden zur Bewältigung der Situation ausgeschöpft sind.

Griffiths verwendet die Metapher von der Wüste des Geistes, um ihre Depression zu erklären, und sucht den physischen und mentalen Gegensatz davon, indem sie sich in die Wildnis begibt. Sie trinkt Ayahuasca mit einem Schamanen im Dschungel, sie hat Visionen und durchlebt eine schmerzhafte körperliche Reinigung. Sie erinnert uns daran, dass wir alle einmal Wilde waren, und dass etwas davon in unserer Sehnsucht nach dem Unbekannten fortlebt. In ihrem Vorwort schreibt sie:

Ich wollte am Rand des Imperativs leben, in der zärtlichen Wut des leichtfertigen Augenblicks, denn in die-

> sem kurzen und pointillistischen Leben, das kontrastreich und elektrisierend ist, konnte ich nicht anders ...
> Denn der menschliche Geist ist ursprünglich an die Wildnis gebunden, an das wirkliche Leben, er will die Frucht pflücken und sie aussaugen ...

Sie fordert uns auf, im Moment zu leben, denn Griffiths erlebt die Wildnis nicht als etwas, dem sie sich ausliefert, sondern als Versuch, Erkenntnisse jenseits ihrer eigenen Erfahrungen zu sammeln.

Sie gliedert ihren Reisebericht in vier Kapitel, die auf den vier Elementen der alten Griechen basieren – Erde, Luft, Feuer und Wasser –, und sucht Orte auf, an denen die Wildnis noch immer zu finden ist: den Dschungel, die Arktis, Berge und Wüsten. Sie beschreibt, wie sie andere Wege der Erkenntnis von den indigenen Kulturen übernimmt, die »die westliche Welt nicht anerkennt«. Während sie entlang des Flusses immer tiefer in den Dschungel vordringt und weiter Ayahuasca konsumiert, ermöglicht diese andere Sichtweise ihr eine Vielzahl von Entdeckungen, die uns einen Eindruck davon vermitteln, wie der Mensch seinem Leben auf intuitivere Weise einen Sinn geben kann. Griffiths zitiert einen nordamerikanischen Indianer, der erzählt, dass seine Kultur die Natur und die Erde als Bibliothek versteht: Die Bücher sind die Vögel, die Tiere, die Bäume und die Berge. Zum Nachdenken legen sich die Angehörigen seines Volkes auf die Erde, um ihre Weisheit in sich aufzunehmen. Ob auch unser Land einst die Quelle solcher wunderbaren mythischen Vorstellungen gewesen ist?

Griffiths entdeckt, dass die Menschen in den indigenen Kulturen häufig »Songlines« verwenden, die es den Menschen, denen sie begegnet, ermöglichen, ihr Land zu durchwandern, indem sie Lieder singen, die einem Uneingeweihten nahezu magisch erscheinen. In seinem Buch *Traumpfade* beschreibt Chatwin die australischen Aborigines und ihr »Labyrinth unsichtbarer Wege, die sich durch ganz Australien schlängeln«. Die Urmythen der Aborigines beschreiben, wie die ersten Menschen ihrer Kultur die Welt buchstäblich durch Gesang entstehen ließen. Indem sie diesen Traumpfaden folgen, die die geografischen Gegebenheiten ihres Landes beschreiben, sind sie in der Lage, Hunderte von Kilometern durch eine Landschaft zu wandern, in der das westliche Auge so gut wie keine Orientierungsmerkmale ausmachen kann.

Griffiths trifft auf Stämme, die im Zuge der Abholzung des Amazonasdschungels ihr Land und damit auch die Sprache ihrer Kultur verloren haben, denn beides war untrennbar miteinander verbunden. Weil sie ihre Sprache »verloren« hatten, begannen sie, die »geborgte« Sprache des weißen Mannes zu verwenden, und verloren bald das Gefühl für ihre eigene Identität und die Verbindung zu ihren Vorfahren. Griffiths berichtet, dass in Brasilien zwischen 1986 und 1999 über 300 Indianer vom Stamm der Guarani-Kaiowá die ihr Land und ihre Sprache auf diese Weise verloren hatten, Selbstmord begingen. Und wir begreifen, dass die Zerstörung des Dschungels nicht nur den Verlust einiger Bäume darstellt, sondern die Zerstörung von Wissen, wie Griffiths in drastischen Worten beschreibt:

> Im Amazonasgebiet ist der Angriff auf die Natur auch ein Angriff auf die Kultur, auf Hunderte von Stammeskulturen. Verbrennt ihre Bücher, zerstückelt ihre Sprache und vernichtet ihr Weltbild! Spritzt Entlaubungsmittel in die Augen eines Dschungel-Picassos. Bindet Shakespeare die Hände auf dem Rücken – mit Stacheldraht. Brecht Nurejew die Knöchel, tretet Fonteyn auf

die Füße. Schlagt Joyce' Kopf gegen eine Wand, bis er winselt und die Worte ihn verlassen. Beschmiert einen El Greco mit Graffiti. Planiert die Skulpturen von Rodin mit einem Bulldozer ...

Durch Griffiths' Erfahrungen werden wir gezwungen, unsere Weltsicht ganz neu zu überdenken. Mit ihr befinden wir uns am anderen Ende des Spektrums des modernen Reisens. Beim Reisen geht es auch darum, unangenehme Wahrheiten über die eigene beschränkte Wahrnehmung zu entdecken. Griffiths' Reisen sind hart – sie verliert in den Bergen einige Zehennägel durch Erfrierungen, und sie wird gezwungen, nicht nur mit ihren eigenen Unsicherheiten umzugehen, sondern auch damit, dass die Menschen, denen sie unterwegs begegnet, sie kritisch betrachten. In der Arktis gelingt es ihr, die einheimischen Jäger davon zu überzeugen, sie mit an Bord eines der Boote zu nehmen, mit denen sie auf Robben- und Waljagd gehen. Sie kann ihren Abscheu nicht verbergen, als eine Robbe aus nächster Nähe in den Kopf geschossen wird, obwohl sie es als richtig und notwendig ansieht, dass die Jäger töten müssen, um zu überleben. Doch das nächste Mal muss sie an Land bleiben. Sie ärgert sich über sich selbst, dass sie vor den Jägern Schwäche gezeigt hat, und erkennt, wie sehr sie sich von der Wildnis entfernt hat, auf die andere noch immer angewiesen sind. Und obwohl sie mehrere schwere Krankheiten überstehen muss, wird deutlich, dass sie es nicht anders hätte haben wollen.

Große Teile ihres Buchs verwendet sie darauf, die Sprache zu analysieren, die wir unbewusst benutzen. Bei ihr lernte ich, dass das Wort *travel* ursprünglich von dem französischen Wort *travaille* – Arbeit – abstammt, das wiederum auf das lateinische Wort *trepalium* zurückgeht, das ein dreizinkiges Folterinstrument bezeichnet. Reisen soll schwierig sein. Wir sollen leiden, uns unwohl fühlen und uns Gefahren aussetzen, wenn wir wirklich reisen wollen.

* * *

Griffiths untersucht in Wild auch den Unterschied zwischen dem Reisen als intuitives Mittel, um neue Wege der Erkenntnis zu entdecken, und dem Vorgehen jener, die es dabei auf die kalkulierte Vernichtung von Wissen abgesehen haben. Die Geschichten von den entsetzlichen Taten der Missionare und dem Tod und der Zerstörung, die sie den indigenen Gemeinschaften brachten, sind schwer zu ertragen. Griffiths berichtet, wie die Missionare in Peru darin wetteiferten, »unkontaktierte« Stämme ausfindig zu machen, indem sie in Hubschraubern die Flüsse hinaufdonnerten. Ihre bevorzugte Methode, um diese Menschen zu täuschen, bestand darin, ihnen Spiegel zu zeigen und den Indianern das Gefühl zu geben, sie hätten übernatürliche Kräfte und der Gott der Christen könne sie sehen.

Griffiths erklärt, dass diese Stämme die Landschaft als Erweiterung ihrer selbst wahrgenommen hätten, bevor sie ihr eigenes Spiegelbild erblickten. Dieser symbolische Akt verursacht den Bruch, der es den Missionaren letztlich ermöglicht, die Menschen von ihrer Kultur und ihrem Land zu trennen. Sie begegnet einer Missionarsfamilie aus Texas und beschreibt den Ausdruck auf den Gesichtern der Kinder als »mörderische Gleichgültigkeit«, als hätte die fehlende Neugier auf andere Denkweisen eine Einöde in ihrem Geist hinterlassen. Die Missionare behaupten, sie wollten die Seelen der Menschen retten, doch sie bringen Krankheiten mit, die die Medizinmänner nicht heilen können, weshalb sie den Glauben an ihre eigene traditionelle Heilkunde verlieren. Griffiths beschreibt einen Ort namens Itahuania in Peru. Sobald die Missionare sich dort niedergelassen hatten, begannen sie mit dem Straßenbau, und bald darauf kamen auch die Holzfäller. Heute befindet sich dort, wo einmal Itahuania war, nur noch Brachland. In Ecuador folgte Texaco den Missionaren auf dem Fuße. Indianer von Stamm der Harakmbut, denen Griffiths ebenfalls in Peru begegnete, erzählten ihr, dass die Krankheiten, die die Missionare mitbrachten (Grippe, Fieber, Masern), 50 Prozent der Bevölkerung auslöschten. Sie schreibt: »Soweit ihr Schicksal überhaupt bekannt wurde, haben die Stämme in ganz Südamerika innerhalb von fünf Jahren nach dem ersten Kontakt zwischen einem Drittel und der Hälfte ihrer Angehörigen verloren.« Das anschaulichste Zitat stammt von einem alten Harakmbut-Indianer namens Tarzan, der sich daran erinnert, wie die Missionare kamen:

> Niemand wollte zur Schule gehen, und nachdem die Missionare kamen, starben unsere Kinder. Wir lernten einiges kennen: Geld, Spanisch und die Arbeit. Wir lernten, dass wir für Geld arbeiten mussten, um Dinge zu bekommen, die wir vorher nicht brauchten ... Jetzt wissen wir, dass es uns an Geld *fehlt*, was wir vorher nicht gewusst haben.

Das ist eine leider nur allzu treffende Beschreibung einer Kultur, deren Identität von der Wahrnehmung der linken Gehirnhälfte bestimmt wird. Derart formuliert, gerät unser westlicher Geldbegriff und die Annahme, dass die globale Wirtschaft den Inbegriff menschlichen Fortschritts darstellt, ins Wanken. Die Grundfesten, auf denen unsere Identität und unser Selbstverständnis beruhen, laufen Gefahr zu kollabieren. Das ist genau die Herausforderung für unser unhinterfragtes Selbstbild, vor die das Reisen uns stellen sollte.

Unglücklicherweise legen die Missionare häufig dieselben Verhaltensweisen an den Tag wie die ersten westlichen Entdecker. Die dunkle Seite der Reiselust zeigt sich in dem Drang, die abgelegensten Winkel der Erde zu erobern, was dazu führte, dass in den Kolonien Millionen von Menschen versklavt wurden. Unbekannte Teile der Welt (zumindest für den Westen) zu kartografieren und zu vermessen hatte durchaus wissenschaftlichen Nutzen und ging der Katalogisierung der Natur voraus, doch die Informationen, die dabei gesammelt wurden, waren auch von großem Wert für das expandierende britische Empire und vermittelten dem Militär das nötige Wissen, um in ein Land einzudringen und anschließend seinen Einfluss ausweiten zu können.

Wir müssen akzeptieren, dass diese Haltung sich auch in unseren eigenen Reisevorstellungen wiederfindet. Das »Zeitalter der Entdeckungen« führte unsere Vorfahren in Kulturen, für die das Reisen ein Fluch war; in vielen Fällen war ihre Auslöschung und, in Griffiths' Worten, eine »Nettoverringerung« des Weltwissens die Folge. Diese Haltung zeigt sich noch immer in den gebräuchlichen westlichen Namen für geografische Wahrzeichen wie den Mount Everest, den die Sherpas »Mutter des langen Lebens« nennen. Griffiths schreibt: »Seiner Identität als weibliche Gottheit beraubt, wurde er nach einem männlichen Beamten benannt, dem obersten Landvermesser von Indien, George Everest. Mit einem Streich war aus einer Göttin ein Bürokrat geworden.«

Diese Art des Anti-Reisens, das die Orte zerstört, nach denen wir uns am meisten sehnen, bildet sich in großen Teilen der modernen Tourismusbranche ab. Ganze Landstriche sind von ihren indigenen Kulturen gesäubert und bereinigt worden, um Platz für die homogenen Handelsmarken zu schaffen, die sich zunehmend bis in die entlegensten Winkel der Erde verbreiten. Griffiths findet Trost in der Wildnis, die schon existierte, bevor die Bauunternehmer kamen. Ihr erscheinen die Supermärkte und Fertiggerichte für die Mikrowelle weitaus bedrohlicher als jeder Dschungel, und für mich liegt der Zweck ihres Buches darin, unsere Vorstellung von dem, was uns angeblich Sicherheit gibt, in Frage zu stellen.

* * *

Griffiths untersucht, wie andere Kulturen ihre Umwelt begreifen – und wie grundverschieden ihre Wahrnehmung von unserer ist –, was uns zu McGilchrists Schlussfolgerung darüber führt, wie die beiden Hemisphären des Gehirns die Entwicklung des Menschen beeinflusst haben. Ich kann nur schwer glauben, dass mein Gehirn dazu fähig ist, ein Lied zu lernen, das mir dabei behilflich wäre, den Dschungel oder den australischen Busch zu durchqueren, doch diese Fähigkeit ist irgendwo in mir verborgen und hätte abgerufen werden können, wenn ich unter anderen Umständen aufgewachsen wäre. Ich muss jedoch gar nicht dazu fähig sein, dieses Lied zu lernen, um einen Eindruck davon zu bekommen, wie anders ich meine Umwelt erleben würde, wenn ich dazu in der Lage wäre. Vielmehr kommt es darauf an, sich darüber bewusst zu sein, dass es andere Arten des »Wissens« gibt, sie zu respektieren und alles zu tun, was in unseren Kräften liegt, um sie vor der Uniformität der westlichen Perspektive zu bewahren.

Wenn man davon ausgeht, wie das Gehirn die Welt erfasst, dann sind die verschiedenen Kulturen und Formen des »Wissens«, die auf der Welt existieren, genau das, wonach wir alle letztlich suchen, wenn wir reisen. Paradoxerweise hat unsere eigene Kultur die Tendenz, alles auszuradieren, was ihr unterwegs begegnet, was der Grund dafür ist, dass das, wonach wir suchen, oft so schwer zu finden ist. Ich bin davon überzeugt, dass wir auf Reisen ebenso sehr nach dem Ausschau halten, was wir vergessen haben, wie nach dem, was wir nicht kennen. Nicht als Individuen, sondern als Spezies. Wir wollen wissen, wer wir sind und wo wir herkommen. Wir wollen uns an unsere Herkunft und an die unterschiedlichen Definitionen von »Wissen« *erinnern*. Das ist möglich, weil diese Entdeckungsreise in der evolutionären Struktur jedes menschlichen Gehirns erhalten ist. Vielleicht soll der Drang zu reisen uns daran erinnern, wozu wir fähig sind, und dieser Instinkt steckt auch in der viel zitierten Phrase, das Reisen würde »den geistigen Horizont erweitern«.

* * *

McGilchrist ist der Ansicht, dass die Entwicklung des Menschen an sich ein Kampf zwischen der linken und rechten Hemisphäre des Gehirns sei. Er sagt, auch wenn wir in einer Zeit leben, in der die Perspektive der linken Hemisphäre vorherrschend sei, habe es in der Geschichte des Menschen Gesellschaften gegeben, die eine ausgewogenere Sichtweise hatten. Das betrifft auch die Entwicklung des westlichen Reisens.

Vor der Reformation im England des 16. Jahrhunderts, als Heinrich VIII. mit Rom brach und die anglikanische Kirche gründete (damit er Anne Boleyn »rechtmäßig« heiraten konnte, die er dann später köpfen ließ), verband man das Reisen vor allem mit der spirituellen Pilgerfahrt, der wir uns im letzten Kapitel zuwenden werden. Doch als England sich vom weitgehend katholischen Kontinent getrennt hatte, wurde es für die Protestanten sehr schwierig, außerhalb ihres Heimatlandes auf Reisen zu gehen. Nach Rom zu fahren war damals etwa so, als hätte ein Amerikaner während der Hochphase des Kalten Kriegs Moskau besuchen wollen. Das Reisen wurde beinahe zu einem Akt des Verrats; gute Protestanten kannten ihren Platz und blieben zu Hause.

Als die religiöse Pilgerfahrt an Bedeutung verlor, musste der Zweck von Auslandsreisen neu definiert werden. Italien war das Zentrum der katholischen Kirche und zugleich die Heimat der Renaissance – dem Wortsinn nach die Wiedergeburt von klassischem griechischen und römischen Gedankengut aus Philosophie, Literatur und Kunst. Die Kavalierstour kam im 17. Jahrhundert auf und ermöglichte es einer kleinen Anzahl vermögender Männer, ihre Bildung zu vervollständigen, indem sie die Kunstwerke, die Architektur und die Altertümer europäischer Städte besichtigten, darunter Florenz, Siena und Rom. Das Reisen bot die Gelegenheit, metaphorische und reale Grenzen zu überschreiten, und durch die Ideen, mit denen diese Männer weit weg von zu Hause in Berührung kamen, entstand ein neues Bedürfnis nach Selbsterforschung. In den Londoner Zeitungen gab es Artikel und Cartoons, die den Patriotismus jener, die den Kontinent bereisten, in Frage stellten, doch da die meisten Reisenden Angehörige der reichen Oberschicht waren, konnten sie es sich leisten, das zu tun, was sie wollten.

In seinem Buch *Instructions for Foreign Travel* aus dem Jahr 1642 beschreibt James Howell ausführlich die Gedanken und Erfahrungen, die er seit 1616 auf seinen Reisen durch Europa gesammelt hatte, und fasst sie zu einem Führer für all diejenigen zusammen, die selbst Abenteuer erleben wollten. Er beginnt damit, die Vorzüge des menschlichen Auges zu preisen, und erklärt, wie viel vorteilhafter es sei, zu reisen und die Dinge mit eigenen Augen zu sehen, als in stickigen Räumen über Landkarten zu brüten und sich die Reiseerlebnisse anderer anzuhören. Das Ohr, sagt er, biete »schwache und unzuverlässige Eindrücke«, während das Auge einen »schnelleren und unmittelbareren Austausch und größere Vertrautheit mit der Seele hat«. Er schreibt darüber, wie nützlich es sei, sich mit »den Toten zu unterhalten«, womit er die Schriften anderer, vor allem Homers *Odyssee*, meint. Aber er plädiert auch für ein Gleichgewicht zwischen überlieferten Vorstellungen und der eigenen Lebensweisheit, was nur dann möglich wird, wenn man sich die Sehenswürdigkeiten selbst anschaut. Es gibt eine wundervolle Passage, in der er erörtert, dass nur das Reisen einem einen angemessenen Eindruck vom Himmel vermitteln kann. Wenn man an einem Ort bleibt, sieht man stets dieselben Sterne, die einem wunderschön, aber wohlgeordnet und alltäglich erscheinen, doch wenn man durch die Welt reist, beginnt man, die größere Komplexität des Universums zu erfassen. Darin besteht für Howell »das Genie aller tätigen und großzügigen Geister«. Wenn es eine bessere Metapher dafür gibt, wie das Reisen die eigene Denkweise verändern kann, dann ist sie mir bislang noch nicht untergekommen.

Howells Buch ist voller guter Ideen zum Thema Reisen, aber meine Lieblingspassage handelt davon, wie wichtig es ist, ein Reisetagebuch zu führen. Howell fordert all seine Leser auf, zu Reiseautoren zu werden, und das ist wichtig, um den Bildungsanspruch zu verstehen, den die Kavalierstour im 17. Jahrhundert hatte, bis sie gegen Ende des 18. Jahrhunderts hauptsächlich zu einem Vorwand für lasterhafte Ausschweifungen geworden war. Er schreibt: »Der Stift hinterlässt die tiefsten Furchen und befruchtet und bereichert die Erinnerung mehr als alles andere«, und das verdeutlicht vielleicht, was uns entgeht, wenn wir heutzutage unsere Erlebnisse mit dem Fotoapparat festhalten. Notizbücher, die wir mit unseren Gedanken und Ideen gefüllt haben, werden uns zweifellos viel plastischer an unsere Reiseerlebnisse erinnern als Gigabytes an nichtssagenden Bildern.

Als die Kavalierstour sich etabliert hatte, kamen Kunstbücher auf den Markt, die denjenigen als Reiseführer dienten, die sich für Gemälde und Skulpturen der Renaissance interessierten. Die großen englischen Landhäuser wurden zu Museen, sie spiegelten die Ideale wider, denen die Menschen in Italien und Frankreich begegnet waren, und sie beherbergten die Sammlungen, die sie von ihren Reisen mitgebracht hatten. Landschaftsgärtnerei und neoklassizistische Architektur entstanden als Reaktion auf eine neue Art des Sehens und die Öffnung gegenüber einer anderen Kultur und Umgebung.

Die Oberschicht wusste bald mehr über Italien und Frankreich als über das eigene Heimatland. Einige waren so inspiriert von der Architektur, die sie gesehen hatten, dass sie sich auf ihren Anwesen Nachbauten errichteten, von denen manche zu den Zierbauten wurden, die man noch heute in England überall auf dem Land verstreut finden kann. Einer von ihnen war William Beckford, der Edgar Allan Poe zu seiner Erzählung *Das Gut zu Arnheim* inspirierte.

Beckford wurde 1760 geboren und erbte das Vermögen seines Vaters – einschließlich einer Million Pfund in bar, den Erträgen einiger Zuckerrohrplantagen auf den Westindischen Inseln und dem Fonthill-Anwesen –, als er erst neun Jahre alt war. Byron bezeichnete ihn als »Englands vermögendsten Sohn«. Mit siebzehn wurde er nach Genf geschickt, wo er sein erstes Buch schrieb; mit einundzwanzig hatte er seine Kavalierstour durch Frankreich, Italien, Deutschland und Holland absolviert. Seine Reisen ermöglichten es ihm, neuen Ideen zu begegnen, was zu Hause viel schwieriger gewesen wäre, und sie sollten prägend für ihn sein.

In Venedig hatte er eine Affäre mit einem Mann, und in Neapel wohnte er bei Lady Hamilton; später schrieb sie ihm, um ihn davor zu warnen, was für einen Skandal er auslösen würde, wenn er weiterhin solchen »kriminellen Leidenschaften« frönte. Er kehrte nach Hause zurück, um seine Volljährigkeit mit einer aufwendigen und opulenten Feier in Fonthill zu begehen. (Die Erinnerung daran inspirierte ihn dazu, sein berühmtestes und gewagtestes Werk zu schreiben, einen Schauerroman mit dem Titel *Vathek*, der von einem arabischen Kalifen handelt und an die wundersamen Geschichten aus *Tausendundeiner Nacht* erinnert, die 1706 zum ersten Mal ins Englische übersetzt worden waren.) Zu diesem Anlass engagierte Beckford einen Bühnenbildner, der das Innere des Hauses umgestalten sollte. Er selbst durfte es daraufhin drei Tage lang nicht betreten, während die Arbeiten im Gange waren. In einem Brief beschreibt er später, was er vorfand, als er sich schließlich hineinwagte:

> Die massive ägyptische Halle sah aus, als sei sie aus einem gewachsenen Fels gehauen worden – die Zimmer und scheinbar endlosen Gänge, die nach beiden Seiten von ihr abgingen, waren alle überwölbt – eine nicht enden wollende Treppe, die von oben aussah, als wäre sie so tief wie ein Pyramidenschacht – und wenn man hinaufsah, verlor sie sich im Nebel, führte zu prächtigen Zimmersuiten mit schimmernden Marmorböden – so blank wie Glas – und bunten Zimmerdecken ... die Pracht der vergoldeten Dächer – wurde teilweise von dem Rauch des Aloenholzes verdunkelt, das in Schwaden von den Räucherpfannen aufstieg, die auf den seidenen Teppichen auf den herrlichsten japanischen Porzellantellern standen. Den Freudentaumel, der unsere jungen, feurigen Herzen angesichts einer solchen

Zusammenstellung verführerischer Elemente erfasste, kann man sich nur allzu leicht vorstellen.

Beckford vergleicht das Innere seines Hauses mit den »Hallen des Eblis«, dem bösen Dschinn oder Teufel aus der islamischen Mythologie (wenn man bedenkt, dass er dafür mit dem Geld von den Sklavenplantagen bezahlte, kam er damit der Wahrheit womöglich näher, als er dachte). Einige Monate später, nachdem er *Vathek* abgeschlossen hatte, war er gezwungen, das Land zu verlassen, weil seine Beziehung zu der Frau seines Cousins einen Skandal ausgelöst hatte. Er heiratete und lebte eine Zeitlang in der Schweiz, bevor er zurückkehrte und Parlamentsabgeordneter wurde. Doch auch das war nur von kurzer Dauer, die Presse grub weitere Skandale aus, und er ging wieder in die Schweiz. In den folgenden Jahren kam er weit herum und schrieb Reisebücher, während er in Paris, Lissabon und Madrid lebte, zwischendurch kehrte er gelegentlich nach Hause zurück, um den Bau der gewaltigen Abtei von Fonthill zu planen, die sich als sein größtes Projekt und zugleich als eine seiner größten Torheiten erweisen sollte. Um 1800 waren die Arbeiten so weit fortgeschritten, dass Beckford Lord Nelson und Lady Hamilton dort empfangen konnte, doch der Bau wurde erst 1809 abgeschlossen. Fünfzehn Jahre später stürzte die Abtei ein – nachdem er sie verkauft hatte und sich in Bath einem weiteren Zierbau widmete, der heute als Beckford's Tower bekannt ist.

Beckford wurde von der feinen Gesellschaft geächtet und war für viele der Inbegriff schlimmster Ausschweifungen reicher Müßiggänger, doch er war auch ein Mann seiner Zeit, der durch seine Reiseerlebnisse geprägt wurde und aufgrund seines Erbes dazu in der Lage war, seinen Launen nachzugehen. Er war gewissermaßen ein Renaissancemensch, der sich selbst in den Mittelpunkt seines eigenen Universums stellte und seiner Neugier folgte, wo immer sie ihn auch hinführte. Er genoss alle vier Bedingungen für das Glück, die bei Poe genannt werden: Reisen, Liebe, Verachtung des Ehrgeizes (bei seiner gescheiterten Karriere als Parlamentsabgeordneter und einem späteren fehlgeschlagenen Versuch, ein Mitglied des Oberhauses zu werden, hatte er nur dem Drängen seiner Familie nachgegeben) sowie die Ausübung einer kreativen Tätigkeit – Letzteres zeigt sich in seiner immensen Sammlung von Büchern und Gemälden und seinen verschiedenen ausgefallenen Bauprojekten. Es gelang ihm, Realität und Imagination in Einklang zu bringen, ähnlich wie Poes fiktive Figur Ellison, die danach strebt, die Welt nach ihren eigenen Vorstellungen zu perfektionieren.

* * *

Was aber hat es mit der Kavalierstour und den Werken der italienischen Renaissance auf sich, dass sie die Lebenseinstellung derjenigen veränderte, die es sich leisten konnten, diese Erfahrungen zu machen?

Wie wir bereits gesehen haben, ist McGilchrist der Ansicht, dass die unterschiedlichen Wahrnehmungen der linken und der rechten Hemisphäre des Gehirns dafür verantwortlich sind, wie wir leben, und dass wir von der Vorliebe der linken Hemisphäre für Struktur und Ordnung dominiert werden. Die Bedeutung, die die britische Regierung der Wirtschaft, der Bürokratie sowie Ranglisten, Tests und Kontrollen zumisst, und der ständige Druck, neue Technologien zu entwickeln, sind alle auf den geordneten Blickwinkel der linken Hemisphäre zurückzuführen. Der intuitive, kreative Geist, der offen für neue Denkweisen ist, den Griffiths in anderen Kulturen erlebte, bekommt heutzutage kaum eine

Chance eingeräumt. Und falls doch, dann wird sein Wert anscheinend erst dann anerkannt, wenn er von den Unternehmen, die sich um kreative Geister herum entwickeln, standardisiert und in ein geordnetes System überführt worden ist.

Im zweiten Teil seines Buchs verweist McGilchrist darauf, dass die linke Gehirnhälfte nicht immer auf diese Weise die Gesellschaft dominiert hat, und führt als Beispiel zwei historische Gesellschaftsformen an, in denen die linke und die rechte Gehirnhälfte mehr im Gleichgewicht waren. Das hatte zur Folge, dass sich ein ganz anderes Weltbild entwickelte. Falls Sie es noch nicht erraten haben: Es handelte sich dabei um Athen im 5. Jahrhundert v. Chr. und Italien im 15. und 16. Jahrhundert, während der Renaissance.

Die Renaissance wurde unmittelbar von der Wiederentdeckung des Gedankenguts aus dem antiken Athen inspiriert, das die westliche Welt radikal verändern sollte. Wie attraktiv diese Ideen waren, manifestierte sich in der Kavalierstour, die beispielhaft dafür wurde, wie man im säkularen Westen über das Reisen dachte – als ein Unterfangen, das der persönlichen Bereicherung und der Entdeckung diente. Ein Beispiel für das Gleichgewicht der zwei Gehirnhälften im Weltbild der alten Griechen stellt sicherlich ihr Zeitverständnis dar, dem wir bereits begegnet sind. Die Tatsache, dass sie dazu in der Lage waren, sowohl Chronos als auch Kairos anzuerkennen, beweist, dass sie das Leben sehr viel ausgewogener betrachteten als wir heute. Ich weiß nicht, wie es Ihnen geht, aber ich würde mir wünschen, in einer Gesellschaft zu leben, die der chronologischen Zeit und unserer erlebten Zeit den gleichen Wert zumisst.

Die Renaissancefürsten waren alle von einem neuen Selbstverständnis erfüllt; sie erforschten ihr Inneres und strebten danach, ein besseres Leben zu führen und bessere

Menschen zu werden, anstatt an Ritualen teilzunehmen, die eine externe übernatürliche Macht zufriedenstellen sollten. Diese Auffassung nannte man Humanismus, und sie verbreitete sich durch Ideen, die aus den Lehren von Cicero hervorgingen, dem römischen Philosophen, der sich wiederum von den Werken der großen Denker aus dem antiken Griechenland hatte leiten lassen. Da viele der einflussreichsten Anhänger des Humanismus Christen waren, orientierte sich die Kirche ebenfalls an humanistischem Gedankengut. Die »humanistische« Bildung, die in der Renaissance entstand, hat sich heute zu den Humanwissenschaften entwickelt – der Erforschung des Menschseins: Altphilologie, Sprachen, Literatur, Geschichte, Philosophie, Religion, Sozialwissenschaft, Kunst und Anthropologie – in all diesen Fächern wird die Bedeutung der rechten Gehirnhälfte gewürdigt. Etwa seit dem 15. Jahrhundert sind diese Studiengebiete Teil einer höheren Bildung und der Schmelztiegel, aus dem kreative Ideen hervorgingen, die zum Leitstern für die reisenden, forschenden Geister Europas wurden. Es ist verlockend, sich vorzustellen, dass auch die Reiselust als säkulare Pilgerfahrt wiedergeboren wurde, auf der Suche nach dem Gleichgewicht, das McGilchrist den Wahrnehmungen und den Schwerpunkten der beiden Hemisphären des Gehirns zuschreibt – wie es die Renaissance verkörperte.

Ob das heute tatsächlich noch immer zutrifft oder nicht, es steht außer Frage, dass die Perspektive der linken Hemisphäre mit ihrem Bedürfnis nach Ordnung in der westlichen Welt überhandgenommen hat. Während ich dies schreibe, sind die Humanwissenschaften, die während der Renaissance so energisch gefördert wurden, die Bereiche, die an englischen Universitäten die größten Kürzungen an Fördergeldern hinnehmen müssen – eben *weil* ihr Wert so schwer zu bemessen und zu erklären ist und nicht so einfach bestimmt werden kann wie bei den naturwissenschaftlichen und praktischen Fächern, die der Weltsicht der linken Gehirnhälfte entsprechen. Auch im Hinblick auf das Reisen scheint die Herangehensweise der linken Gehirnhälfte unanfechtbar zu sein. Indem wir die Welt in einen Prospekt planbarer, vorprogrammierter Erfahrungen verwandeln, die unserem Geist nur wenig abverlangen, vergessen wir, welcher Impuls uns überhaupt erst dazu bringt, uns auf den Weg zu machen: das Bedürfnis, unseren Blick auf das eigene Leben neu zu bestimmen, indem wir uns mit dem Unbekannten konfrontieren, und durch diesen Prozess neu zu entdecken, was »Wissen« eigentlich bedeutet.

Kapitel 7
Sei abenteuerlustig

Anstatt menschliche Wesen zu sein, sind wir zu menschlichen Handelnden geworden. Drosselt das Tempo, ihr werdet weiter kommen, als ihr euch jemals vorgestellt habt.

Satish Kumar, *No Destination*

Vor einigen Jahren war ich in den Uffizien in Florenz, um mir zwei Renaissancegemälde anzuschauen, das Doppelbildnis des Herzogs und der Herzogin von Urbino von Piero della Francesca, die ich bereits gesehen hatte, als Henry und ich im Alter von 19 Jahren dort waren. Ich bin kein religiöser Mensch, aber diese Bilder sind für mich zu so etwas wie einem Wallfahrtsort geworden. Nicht deshalb, weil ich ein großer Fan der Bilder selbst bin, über die ich nur wenig weiß, sondern weil ich mir vorgenommen habe, sie alle zehn Jahre zu besuchen.

Das erste Mal bin ich auf Piero della Francescas Meisterwerk aufmerksam geworden, als ich es bei meinem ersten gescheiterten Anlauf, die Universität zu besuchen, als Schwarzweiß-Diaprojektion an der Wand eines Seminarraums im Institut für Kunstgeschichte gesehen habe. Der Raum war zu klein für die vielen Studenten, und die Dozentin tat ihr Bestes, um uns das Bild auf der provisorischen

Leinwand nahezubringen, aber es blieb eine rein »phonetische« Erfahrung. Außerdem hatte sie nur ein Dia des Herzogs, die Herzogin fehlte. Einige Wochen später verließ ich die Universität. Doch ein Satz der Dozentin blieb mir im Gedächtnis – nämlich dass die eigene Reaktion auf ein Bild einem mehr über sich selbst erzählt als über das Kunstwerk.

Als ich zwölf Monate später mit Henry vor den beiden Bildern stand, lächelte ich mit Kennermiene. Ich hatte einige anstrengende Jobs annehmen müssen, um das Geld für die Reise zu verdienen, aber es hatte sich gelohnt. Dadurch, dass ich das Seminar sausen gelassen hatte und stattdessen der Eingebung gefolgt war, mir die Bilder selbst anzuschauen, erhielten sie eine Bedeutung, die der Künstler niemals beabsichtigt hatte. Es klingt anmaßend (ich war schließlich erst neunzehn), aber ich hatte das Gefühl, als ob der Prozess, der dazu geführt hatte, dass ich jetzt vor diesen Bildern stand, mich offen für die Kunst des Lebens gemacht hatte. Ich war voller Erwartungen, wie mein Leben sich entwickeln und wer ich werden würde. Henry und ich waren auf einem Campingplatz auf einem Hügel vor der Stadt untergekommen. Ich hatte einen Rucksack dabei, versuchte mir einen Bart stehen zu lassen und trug ein Notizbuch mit mir herum, in das ich Unmengen von schrecklichen Gedichten schrieb. Die Absicht, auf eine höhere Bildung zu verzichten, wurde von meinem engeren Umfeld missbilligt, aber vor diesen Bildern zu stehen gab mir die Gewissheit, dass ich die richtige Entscheidung getroffen hatte. Es war ein Moment des Triumphs. Beim Hinausgehen schwor ich mir, dass ich im Lauf meines Lebens immer wieder zurückkommen und sie mir ansehen würde, um mich daran zu erinnern, meinem Instinkt zu folgen, anstatt einen vernünftigen Weg einzuschlagen, der angebliche Sicherheit versprach.

Bei meinem zweiten Besuch zwölf Jahre später war ich

für eine Zeitung unterwegs, Rachel und Wilf, der damals ein Kleinkind war, begleiteten mich. Da Wilf darauf bestand, in der Galerie herumzurennen, hatte ich kaum Zeit, mir die Bilder anzuschauen. Ich stand dennoch einige Minuten vor dem Herzog und der Herzogin und sah mir die anderen Besucher an, die ringsum standen. Links von den Bildern befindet sich ein Fenster, und mein Blick wanderte nach draußen. Ich dachte an die Jahre zurück, die vergangen waren, seit ich zum letzten Mal hier gewesen war und sie gesehen hatte. Ich nahm Wilf auf den Arm, um ihm die Bilder zu zeigen, doch es ging um meinen Traum, nicht um seinen, und er machte sich schnell wieder los.

Es geht mir nicht um Nostalgie und auch nicht darum, mich selbst daran zu erinnern, an welchen Vorstellungen ich mich in meinem Leben orientiert habe – die meisten, davon bin ich mittlerweile überzeugt, stammen aus meiner rechten Gehirnhälfte. Als Ian beispielsweise die Idee hatte, mit einem Milchwagen durch England zu fahren, und ich intuitiv wusste, dass wir es unbedingt tun sollten, lächelte ich bei dem Gedanken an mein 19-jähriges Ich, das in den Uffizien steht. Der andere faszinierende Aspekt daran – der mir erst beim Schreiben dieses Buchs auffiel – stellt das Konzept des Reisens vollständig auf den Kopf. Die Gemälde sind natürlich immer noch ein Reiseziel für mich, aber indem ich sie wieder aufsuche, verwandele ich die Lebenszeit, die zwischen meinen Besuchen liegt, in eine Abfolge von zehn Jahre andauernden Reisen. Das hilft mir dabei, mein ganzes Leben als eine Reiseerfahrung zu sehen, nicht nur die Zeitabschnitte, die wir als Jahresurlaub bezeichnen. Und selbst wenn es albern erscheinen mag, sich den modernen Touristen als eine aktualisierte Version des Odysseus vorzustellen, *sind* wir doch alle wie Odysseus, was unser eigenes Leben angeht. Deshalb übt das langsame Reisen auf mich einen solchen Reiz aus, denn es bringt einen dazu, das eigene Leben als die einzige epische Realität anzusehen, die man jemals erfahren wird.

Unser Dasein ist eine Erzählung, die wir aus unserer eigenen Erinnerung und der Zukunft, die in unserer Vorstellung vor uns liegt, konstruieren. Wir denken über uns selbst nach, indem wir eine Geschichte als Medium benutzen: unsere Herkunft, unsere ersten Erfahrungen, die unser Weltbild prägen, und die Entscheidungen, die uns in eine bestimmte Richtung geleitet haben. Wir alle sind die Autoren unserer eigenen Erfahrungen, und deshalb ist es so wichtig, gelegentlich innezuhalten und sich umzusehen. Wenn man es zulässt, sich auf eine Reihe von »phonetischen« Erfahrungen reduzieren zu lassen, indem man einen Posten nach dem anderen von einer Liste abhakt, fliegt das Leben sehr schnell vorbei.

Die Psychologin Claudia Hammond untersucht in ihrem Buch *Time Warped*, wie wir die Zeit im Verlauf unseres Lebens wahrnehmen. Sie räumt mit der verbreiteten Ansicht auf, dass das Leben schneller zu vergehen scheint, wenn wir älter werden, nur weil ein Jahr im Leben eines Fünfjährigen einen größeren Teil seiner Lebenszeit ausmacht als für einen 50-Jährigen. Wenn es so wäre, würde jeder einzelne Tag unseres Lebens immer schneller vergehen, während wir altern, was offensichtlich nicht der Fall ist. Stattdessen, sagt Hammond, hängt unsere Zeitwahrnehmung vollkommen davon ab, was wir mit unserer Zeit *anfangen*. Je mehr wir uns von unserer täglichen Routine entfernen, desto bewusster wird uns, was wir tun, und desto langsamer scheint die Zeit zu vergehen.

Das ist mir auch auf meinen eigenen Reisen aufgefallen. Wenn ich von einer meiner langsamen Reisen heimkehre, kommt es mir so vor, als sei ich viel länger weg gewesen als die Stunden, Tage oder Wochen, die nach der Uhr oder dem Kalender vergangen sind. Der Trip nach Mull, den Kev und ich unternommen haben, ist ein gutes Beispiel dafür. Als wir am Montagmorgen wieder zurück in London waren, schien es, als wären inzwischen nicht Tage, sondern Wochen vergangen. Ich bin mir sicher, dass es daran lag, dass wir während unserer gesamten Reise bewusst gelebt haben und nicht unbewusst. Wenn Sie wollen, dass Ihr Leben sich verlangsamt und Ihnen nicht davonläuft, sollten Sie im Augenblick leben und sich völlig darauf einlassen. Dadurch wird Ihr Leben tatsächlich zu einem Abenteuer, das Sie genießen können, anstatt ein Routineablauf, der Sie bis zu Ihrem letzten Atemzug auf Trab hält.

Wir verwenden viel mehr Zeit darauf, uns Gedanken darüber zu machen, wie wir unsere Lebensdauer verlängern können, anstatt die Qualität dieses Lebens zu verbessern. Als ob es wichtiger wäre, unser Leben in messbarer Zeit zu verlängern, als unser eigentliches Leben zu führen. Im Leben und beim Reisen geht es jedoch nicht um Dauer oder Entfernungen. Es ist die Intensität des Erlebens, die zählt, und genauso wie die Länge der englischen Küste davon abhängt, wie man sie vermisst, verhält es sich auch mit dem Leben an sich. Je mehr man sich darauf einlässt, desto länger wird es einem vorkommen.

Diese Philosophie findet sich in der Slow-Food-Bewegung wieder – einer Kampagne, die Carlo Petrini ins Leben gerufen hat, um gegen die Eröffnung einer McDonald's-Filiale neben der Spanischen Treppe in Rom zu protestieren. Was aus dem Bedürfnis heraus entstand, sich für einheimische und faire Produkte als Alternative zur Fast-Food-Kultur einzusetzen, wurde bald zum Ausgangspunkt einer ganzen Lebensphilosophie. Seither haben sich »Slow Events« zu den verschiedensten Themen überall auf der Welt verbreitet, ob es nun um »langsames« Gärtnern oder »langsame« Erziehung geht. Ich selbst bin nicht in diese Organisation involviert, aber ich sehe ihre wachsende Popularität als ein erstes Zeichen dafür, dass sich überall auf der Welt eine neue Denkweise verbreitet, die sich für einen ausgewogeneren Ansatz einsetzt als denjenigen, der unsere Lebensweise seit langem dominiert. Gerade nach der Finanzkrise, die wir kürzlich erleben mussten, sollten wir dafür offen sein.

* * *

Wenn es jemanden gibt, der uns beibringen kann, wie wir unser Leben intensiver erfahren können, dann ist es Satish Kumar. Seine Autobiografie trägt den Titel *No Destination*, was so viel heißt wie »ohne Ziel«. Wenn Petrini der Vater der Slow-Bewegung ist, dann ist Kumar die dazugehörige Gottheit – obwohl er diesen Gedanken sicherlich mit freundlicher Verwunderung beiseitewischen würde.

Kumar wurde 1936 in der Stadt Sri Dungargarh geboren, die in der nordindischen Provinz Rajasthan liegt. Sein Vater starb unverhofft, als er vier Jahre alt war, und der Schock beim Anblick des Toten brachte den Jungen dazu, sich fünf Jahre später den Jain-Wandermönchen anzuschließen. Der Jain-Orden glaubt an vollkommene Gewaltlosigkeit. Die Mönche bedecken ihr Gesicht mit einem Gazetuch, um zu verhindern, dass ihnen Insekten in den Mund fliegen und dabei verletzt werden. Beim Wandern blicken sie zur Erde, um sicherzugehen, dass sie keine Lebewesen mit den Füßen zertreten, sie fegen den Boden, bevor sie sich hinsetzen, damit sie dabei nichts beschädigen. Diese freiwillige Selbstbeschränkung verbot es Kumar auch, jegliches Transportmittel außer seinen eigenen Füßen zu benutzen. Er verbrachte die folgenden neun Jahre damit, barfuß Tausende von Kilometern durch Indien zu wandern, aus heiligen Schriften zu rezitieren, zu meditieren und Vorträge zu halten; seine einzigen Besitztümer bestanden aus einer Bettelschale für Essen und der Kleidung, die er am Körper trug. Außerdem durfte er sich nicht waschen.

Dann, als er 18 Jahre alt war, stieß er auf die Schriften Gandhis. Sie überzeugten ihn davon, dass man die Welt nur verändern kann, wenn man ein Teil von ihr ist, anstatt sich vollständig von ihr abzukehren. Kumar kam zu dem Schluss, dass sein Leben als Mönch im Grunde auch nur ein Versuch war, sich zu verstecken, wenn auch ein radikaler. Bevor er den Jain-Orden verließ – was er heimlich tun musste –, erzählte er den versammelten Anhängern im Dorf eine Geschichte. In seiner Autobiografie erinnert er sich an die letzten Worte, die er als Mönch sprach:

> Wir alle befinden uns auf einer Reise. Es ist eine schwere und gefährliche Reise. Wir müssen auf die innere Stimme hören, die unseren Schlaf stört. Diese innere Stimme ist der Schlüssel zur Erlösung. Ich muss euch davor warnen, dass keine äußere Macht euch in die Freiheit führen kann ... Sogar die Mönche in ihren weißen Gewändern können sich täuschen, wenn sie den äußerlichen Manifestationen des spirituellen Lebens blindlings folgen, und indem sie sich selbst täuschen, täuschen sie auch alle anderen.

In dieser Nacht floh er und machte sich auf die Suche nach Vinoba Bhave, einem Anhänger Gandhis, der auf einer Pilgerreise durch Indien war, um reiche Landbesitzer dazu zu bringen, Teile ihres Besitzes an die ärmsten Opfer des Kastensystems abzugeben. Kumar schloss sich einer von Bhaves Gemeinschaften an, die in einem Aschram lebte, denn dort strebte man nach der Ausgewogenheit, die er suchte. Der Grundsatz des Aschrams lautete, »eine Synthese von Intellekt und manueller Arbeit, Kopf und Hand, Kontemplation und Handeln sowie Wissenschaft und Spiritualität zu finden«. Kumar begleitete fortan Bhave auf seinen Reisen durch Indien und trat der »wandernden Universität« bei, wie Bhave es nannte. Er wies Kumar an, nicht stillzustehen, sondern »im Fluss zu bleiben«.

Als Kumar 25 Jahre alt war, las er etwas über den damals 90-jährigen englischen Philosophen Bertrand Russell, der gerade wegen seiner Teilnahme an einer Demonstration gegen Nuklearwaffen in London verhaftet worden war. Kumar saß in einem Café und erinnert sich daran, wie er zu seinem Freund Prabhakar sagte: »Dieser alte Mann übt zivilen Ungehorsam aus und geht dafür ins Gefängnis. Und was tun wir?«

Sie beschlossen, auf eine ausgedehnte Pilgerreise zu gehen, die sie von Gandhis Grab in die Hauptstädte der vier Länder führen sollte, die Nuklearwaffen besaßen – nach Moskau, Paris, London und Washington, D.C. –, um gegen die nukleare Bedrohung zu protestieren. Sie fingen an, Spenden von Freunden und Unterstützern zu sammeln, um ihre Reise zu finanzieren, bevor sie Bhave aufsuchten, um seine Zustimmung zu bekommen. Er nahm ihre Idee wohlwollend auf und sagte ihnen, sie hätten seinen Segen, wenn sie zwei Waffen mitnehmen würden. Überrascht, dass ein leidenschaftlicher Verfechter der Gewaltlosigkeit von Waffen sprach, baten sie ihn um eine Erklärung. »Die erste Waffe besteht darin, dass ihr unter allen Umständen Vegetarier bleibt; und die zweite Waffe besteht darin, dass ihr kein Geld mitnehmt, nicht einen einzigen Pfennig.« Sie waren einverstanden, und er gab ihnen die Prophezeiung mit auf den Weg, dass die Welt sie mit offenen Armen aufnehmen würde.

Kumar erläuterte später in einem Interview, da Angst zu Krieg führe, müsse Vertrauen Frieden bringen; es sei daher absolut vernünftig gewesen, sich auf eine Friedenspilgerfahrt zu begeben, die von dem Wohlwollen von völlig Fremden abhängig war. Auf unserer Reise durch England hatten wir zwar Geld dabei, aber wir verließen uns trotzdem auf Menschen, denen wir noch nie begegnet waren, um unseren Milchwagen aufzuladen. Daraus ergaben sich letztlich die schönsten und inspirierendsten Momente – und wir mussten nie für den Strom bezahlen. Wir lernten, dass man, wenn man sich auf andere Menschen verlassen muss, dazu gezwungen ist, offen zu sein und sich auf sie einzulassen, wodurch sich bald ein Gefühl von Gemeinschaft entwickelt. Ein Mensch führt einen zum nächsten, der einen wieder ein Stück weiter auf dem Weg bringt oder in eine etwas andere Richtung lenkt als die, die man einschlagen wollte. Es ist ein Kontrollverlust, aber einer, der ganz und gar lebensbejahend und befreiend ist. Die Kraft, die aus einem solchen Verhalten entsteht, verbreitet sich exponentiell.

Wenn man allerdings genug Geld hat und nicht auf die Hilfe anderer angewiesen ist, kann man um die ganze Welt fahren, ohne einem einzigen Einheimischen zu begegnen, außer denjenigen, die einen bedienen – was mehr oder weniger genau das ist, wohin der moderne Urlaub uns gebracht hat.

* * *

Die Reise der zwei Pilger fing gut an, als sie sich in den Norden Indiens aufmachten. Sie wurden mit Essen und Übernachtungsangeboten geradezu überhäuft, doch ihre Freunde und Unterstützer machten sich Sorgen, dass ihnen etwas zustoßen könnte, wenn sie die Grenze zu Pakistan überquerten. Eine Frau bot ihnen ein großes Essenspaket an, aber Kumar und Prabhakar lehnten es ab, denn sie fanden, wenn sie es annähmen, würde es so wirken, als ob sie dem pakistanischen Volk misstrauten. Als sie den Zoll endlich hinter sich hatten, trafen sie einen Mann, der im Radio von ihrer Pilgerfahrt gehört hatte und bereits seit Stunden wartete, um sie in sein Haus einzuladen.

Sogar an den gefährlichsten Orten wie dem Khaiberpass in Afghanistan, wo sie um ihre Sicherheit fürchteten, trafen sie auf dieselbe Großzügigkeit. Ein bewaffneter Paschtune erzählte ihnen: »Wir sind der bösartigsten Propaganda ausgesetzt ... Deshalb fühlen wir uns missachtet und isoliert. Wir glauben, wenn ein Gast kommt, kommt Gott in ihm.«

Im Iran trafen sie den Schah, der ihr Unternehmen unterstützte und ihnen Geld anbot; als sie ablehnten, lachte er und sagte: »Wir sind alle gleich. Ich habe auch niemals Geld bei mir! Ein Schah und ein *Fakir* [ein muslimischer Bettelmönch] haben viel gemeinsam.« Er sorgte jedoch dafür, dass sie auf dem Weg zur sowjetischen Grenze gut behandelt wurden.

Nachdem sie 40 Tage durch Russland gewandert waren, kamen sie in ein armenisches Dorf und begegneten zwei Frauen, die in einer Teefabrik arbeiteten. Als sie von der Pilgerfahrt hörten, verschwand eine der Frauen und kam mit vier Teepäckchen zurück. Sie sagte: »Sie sind nicht für euch. Bitte gebt eins unserem Staatsoberhaupt in Moskau, eines dem französischen Präsidenten, eines dem englischen Premierminister und eines dem Präsidenten der Vereinigten Staaten von Amerika« und beschwor sie, den Führern der Welt auszurichten, wenn sie jemals daran dächten, den roten Knopf zu drücken, sollten sie innehalten, eine Tasse Tee trinken und sich an all die einfachen Leute auf der Welt erinnern, die »Brot brauchen, keine Bomben«.

Über Brot hörte ich Kumar im Radio sprechen. Er erklärt damit seine Philosophie, dass alles im Leben besser wird, wenn man bereit ist, Zeit dafür zu opfern. Man kann den Backvorgang genauso wenig beschleunigen wie das Verfassen von Gedichten. Wenn man bereit ist, diese Wahrheit zu erkennen, wird einem klar, dass sie für alles gilt, was im Leben wichtig ist. Freundschaften, Beziehungen, Erziehung, alles, was man mit eigenen Händen baut oder pflanzt, und natürlich das Reisen. Zeit ist wertvoller, als Geld es jemals sein könnte, und dennoch werden wir ständig dazu angetrieben, uns zu beeilen und dem Reichtum nachzujagen. Wenn man über sein Leben als Ganzes nachdenkt, dann besteht der ultimative Akt der Großzügigkeit darin, jemandem seine Zeit zu schenken.

Die Behörden nötigten Kumar und Prabhakar schließlich dazu, einen Flug nach Moskau zu nehmen, denn es machte sie nervös, dass zwei Friedensaktivisten durch die sowjetischen Dörfer pilgerten. Die beiden protestierten zwar, kamen aber letztlich zu dem Schluss, dass sie mehr erreichen würden, wenn sie ihre Pilgerfahrt durch Europa fortsetzten, anstatt in einem sowjetischen Gefängnis festzusitzen. Nachdem sie Polen durchquert hatten, erreichten sie die Grenze zur DDR, kurz bevor Präsident Kennedy Westberlin besuchte. Sie wurden von deutschen und russischen Soldaten verhört – Kumar erinnert sich daran, wie die Männer »mechanisch und gefühllos« ihre Pflicht taten. Nachdem sie sich mit grimmigen Gesichtern die Abenteuer der Pilger angehört hatten, platzte einer von ihnen heraus: »Ihr habt recht. Wir finden keine Ruhe, weder hier noch zu Hause. Wir sehnen uns nach dem Tag, an dem wir unsere Waffen wegwerfen und mit euch für den Frieden kämpfen können.«

Sie kamen schließlich doch ins Gefängnis, als sie Paris erreichten und an einer Demonstration gegen Nuklearwaffen teilnahmen, die vor dem Élysée-Palast stattfand. Ihre Zelle war so verdreckt, dass sie drei Tage lang in Hungerstreik traten. Sie hatten 16 Monate gebraucht, um nach Paris zu wandern, und jetzt wollte die französische Regierung sie ausweisen und innerhalb von 16 Stunden per Flugzeug zurück nach Delhi transportieren. Schließlich willigten sie ein, sich nach Dover bringen zu lassen. Von dort aus wanderten sie nach London, wo sie umgehend von einem Wagen nach Snowdonia gebracht wurden, um Bertrand Russell zu treffen, der sie zu ihrer Reise inspiriert hatte.

Kumar war sehr beeindruckt und erinnert sich an Russell als »klein von Statur, aber eine große Persönlichkeit, alt an Jahren, aber jung, was den Mut angeht, schwach in den Gliedern, aber stark im Handeln ...«. Russell interessierte sich dafür, wie sie nach Washington gelangen wollten, und organisierte eine Spendenkampagne, um ihnen zwei Tickets für eine Überfahrt auf der luxuriösen *Queen Mary* zu kaufen. Kumar notierte: »Dank Vinoba Bhaves Waffen konnten wir stilvoll reisen.«

Sie wanderten von London nach Southampton und schifften sich am 22. November 1963 nach Amerika ein. An diesem Tag wurde Präsident Kennedy ermordet, und die 13 000 Kilometer lange Pilgerfahrt, die an Gandhis Grab begonnen hatte, endete über ein Jahr später, im Januar 1964, an Kennedys Grab in Arlington, Virginia.

In seinem Buch beschreibt Kumar die Verzweiflung, die er und Prabhakar nach ihrer Ankunft darüber empfanden, dass sie vom Grab eines Mannes, der von der Kugel eines Attentäters getötet wurde, zu dem eines anderen Mannes gewandert waren, dem dasselbe zugestoßen war. So außergewöhnlich und inspirierend ihre Reise auch gewesen war, ihre Hoffnung, die Friedensbotschaft zu verbreiten, schien gescheitert zu sein. Sie hatten ihren Tee bei den Führern der

Nuklearmächte abgeliefert, auch wenn sie ihn nicht persönlich übergeben konnten. Sie wurden jedes Mal freundlich in Empfang genommen, bekamen aber immer das Gleiche zu hören – wenn die anderen Nationen bereit wären, ihre Nuklearwaffen abzuschaffen, würde man das ebenfalls tun. Egal bei welcher Weltmacht sie vorsprachen, in jedem Land spürte Kumar dasselbe:

> Ich spürte die Angst in Moskau und in Washington, in Paris und in London. Der Feind ist weder Russland noch Amerika. Die Angst ist der Feind unserer modernen Gesellschaft … Am Ende von 13 000 Kilometern und 18 Monaten Wanderung stand die bürokratische Verteidigung der Angst.

Sie begegneten jedoch einem Mann, der sie beeindruckte: Martin Luther King lud sie ein, ihn zu besuchen, nachdem er gerade seine Rede »Ich habe einen Traum« in Washington gehalten hatte. In seinem Haus entdeckten die beiden Pilger ein großes Bild von Gandhi an der Wand, und King sagte: »Meine Gewaltlosigkeit ist eine revolutionäre Gewaltlosigkeit, die bis in die hintersten Winkel des menschlichen Bewusstseins reicht. Ich bin davon überzeugt, dass wir siegen werden.«

Kumar – der wandernde indische Heilige – war Teil des Zeitgeists der Veränderung, der in den 1960er und 70er Jahren in der Populärkultur der USA und Europas herrschte, als die Jugend sich neuen Ideen zuwandte, so wie es Zweig und seine Zeitgenossen über ein halbes Jahrhundert früher in Wien getan hatten. Die Demonstrationen gegen den Vietnamkrieg, der Protest der tschechischen und der slowakischen Bevölkerung gegen den Kommunismus und der Kampf für die Bürgerrechte setzten sich in den Lebensbereichen fort, auf die die Jugend zumindest etwas Einfluss hatte: Musik, Kunst und Kultur – Bereiche, in denen die rechte Gehirnhälfte eine besondere Rolle spielt. Die Sehnsucht nach einer neuen Lebensform brachte viele Menschen aus dem Westen dazu, in den Fernen Osten zu reisen, um »sich selbst zu finden«, was ihnen häufig durch eine Kombination aus psychedelischen Drogen und Meditation gelang. Diese Menschen wandten sich mit großer Überzeugung gegen scheinbar unüberwindbare Hindernisse, um die Ungerechtigkeit in der Welt zu bekämpfen.

Vor einigen Jahren schrieb ich ein Buch über politische Aktivisten in Großbritannien, die aufgrund der Anti-Terror-Gesetze Gefahr liefen, verhaftet zu werden. So hat die Regierung unter Tony Blair beispielsweise ein Gesetz erlassen, das es verbietet, innerhalb von 1000 Metern vor dem Parlamentsgebäude zu demonstrieren, ohne vorher eine polizeiliche Genehmigung einzuholen.

Anti-Terror-Gesetze für die Beschneidung der Redefreiheit zu nutzen entsprach dem Sieg der Angst über die Demokratie, den auch Kumar auf seiner Pilgerfahrt beobachtet hat – und ist das ganze Gegenteil von dem, was alle demokratischen Regierungen mit der Macht, die ihnen verliehen worden ist, schützen sollten. Dennoch waren diese Aktivisten vollkommen davon überzeugt, dass sie einen Wandel anstoßen und eine bessere Zukunft gestalten könnten. Viele von ihnen waren Hippies, die von einem neuen Idealismus erfüllt waren, der auf Gemeinschaft, Kooperation und Gewaltlosigkeit basierte – was sehr an Kumars Vorstellungen erinnert und bei Politikern heutzutage nur selten zu finden ist. Oft wurde ihnen vorgeworfen, sie wären unrealistisch, doch Kumar verwies auf den Schmerz und das Leid in der Welt, für das die Realisten verantwortlich sind. Viele der Aktivisten, die ich traf, hatten sich in spirituellen Gemeinschaften der Meditation zugewandt, um ihr Dasein zu erforschen, selbst wenn sie nicht selbst in den Fernen Osten gereist waren. Es ist beinahe zu einem Klischee geworden, aber die östliche Kultur hat offensichtlich etwas an sich, was wir in unserer Kultur nicht finden können. Vielleicht sind es die unterschiedlichen Weltanschauungen, die noch immer viele dazu inspirieren, in der modernen Version der Kavalierstour, dem Jahr zwischen Schule und Universität, in den Fernen Osten zu reisen.

Kumar ließ sich schließlich in England nieder und wurde Herausgeber der Zeitschrift *Resurgence*, die es sich zur Aufgabe gemacht hat, die Idee des ökologischen Humanismus zu verbreiten. Er fing damit an, die Ideen, die er während seiner gewaltlosen spirituellen Wanderung entwickelt hatte, in die Praxis umzusetzen. Er gründete eine Schule, das Schumacher College, in der Philosophie, handwerkliche Fertigkeiten und wissenschaftliches Arbeiten den gleichen Stellenwert haben, und führte Schweigeseminare ein. Dort hörte ich auch zum ersten Mal eine Vorlesung des Psychiaters, Philosophen und Autors Iain McGilchrist.

An Kumars Lebensauffassung hat sich bis heute nichts geändert. Er geht immer noch auf Pilgerfahrten, mit fünfzig wanderte er zu den bedeutendsten heiligen Stätten Englands, wiederum ohne einen Pfennig Geld in der Tasche. Er ist eine Inspiration für jeden, der sich von jenem pessimistischen Realismus eingeengt fühlt, der viele Menschen daran hindert, ihren Instinkten oder ihren Träumen zu folgen. Der Titel seines Buchs – *No Destination* – weist auf Kumars Botschaft hin, die nicht nur auf das Reisen, sondern auch auf das Leben an sich anwendbar ist: Es kommt nicht darauf an, was das eigentliche Ziel Ihres Lebens ist, sondern darauf, was Sie mit der Zeit dazwischen – der Reise – anfangen.

Kumar beschreibt das Wandern als Meditation, und er

sollte es wissen. Das Wörterbuch definiert Meditation als »den Geist in Kontemplation üben«. Kontemplation bedeutet »mit den Augen oder mit dem Geist aufnehmen«. Für mich ist das langsame Reisen eine Meditation, die auf einer allumfassenden Neugier basiert; es geht darum, die Welt neu zu entdecken und unsere Vorstellung davon, was »Wissen« bedeutet, in Frage zu stellen. Wie bei allem, was wir in unserem Leben erfahren, sind wir dabei auf die Arbeit unseres Gehirns angewiesen, weshalb ich in diesem Buch versucht habe, diese Arbeit zu verstehen, genauso wie das Reisen selbst. Unabhängig davon, ob das Reisen nun tatsächlich eine physische Bewegung ist oder sich nur im Geist abspielt, ist der Mensch immer auf Entdeckungsreise gewesen, seit er zum ersten Mal den Drang verspürte, Afrika zu verlassen und sich auf der Welt zu verbreiten.

Heute verändert das Internet die Art und Weise, wie wir reisen, in vielerlei Hinsicht, was für den müßigen Reisenden nützlich sein kann. Im Februar 2012 kündigte die britische Reiseagentur Thomas Cook die Schließung von 200 Hauptfilialen an, und obwohl dabei leider viele Jobs verloren gingen, erfüllt es mich mit Zuversicht, dass die Menschen wieder mehr Kontrolle über ihre eigenen Reiseerlebnisse gewinnen. Heute ist es für jedermann möglich, eigene Reiseabenteuer zu organisieren – mit etwas Recherche und mit neuen Plattformen wie airbnb.com, auf der Menschen auf der ganzen Welt Reisenden ihre Häuser, Gästezimmer oder sogar ihre Sofas zu einem vernünftigen Preis anbieten können – das ist in jeder Hinsicht von Vorteil, denn die Ortskenntnisse Ihres Gastgebers sind unbezahlbar. Es mögen kleine Veränderungen sein, doch sie eröffnen außergewöhnliche Perspektiven.

* * *

Meine Reiselust wurde mir von einer unglaublich inspirierenden Frau namens Rita vererbt, die zufällig auch meine Großmutter war; auch heute noch pilgere ich gelegentlich zu dem Ort, an dem sie gelebt hat. Sie verbrachte 30 Jahre in derselben Wohnung in Fishbourne, die sie sich aussuchte, weil man vom Balkon aus einen Blick auf den Hafen hatte. Sie ist vor einigen Jahren gestorben, aber ich komme oft dorthin und schlendere über die Brücken, auf denen wir Puhstöckchen spielten, als ich ein kleiner Junge war. Ihre Asche wurde im Schilf verstreut, und weil ich ihre Gesellschaft immer so genossen habe, habe ich dort jedes Mal ein Gefühl, als käme ich nach Hause. Während des Zweiten Weltkriegs war sie Krankenschwester, und später zog sie mit ihrem Mann John in einen Ort in Südengland, weit weg von seinem Geburtsort in Irland und ihrem in Lancastershire. In Chichester arbeiteten sie beide in einem Krankenhaus, das mittlerweile in Luxuswohnungen umgewandelt wurde.

Sie haben ihr ganzes Leben lang gearbeitet und gespart und planten, sich gemeinsam die Welt anzusehen, wenn sie im Ruhestand wären. Doch als John unverhofft starb, schien dieser Traum ausgeträumt zu sein. Niemand hätte es Rita verdenken können, wenn sie sich in ihrem Kummer vergraben hätte, doch sie entschied sich dazu, für sie beide auf Reisen zu gehen. Sie verbrachte die folgenden 30 Jahre damit, allein durch die Welt zu reisen. Während meiner Kindheit schien sie ständig unterwegs zu kühnen Abenteuern auf der anderen Seite des Globus zu sein, und mein Bruder Gareth und ich liebten die exotischen Süßigkeiten, die sie uns mitbrachte, wenn sie endlich wieder nach Hause kam. Es war ihr gelungen, ihre Trauer in eine neue Leidenschaft für das Unbekannte zu verwandeln, und sie sagte mir oft, ich solle »losgehen und die Welt *erleben*«, sobald sich die Gelegenheit ergäbe.

Sie brachte nicht nur Geschenke mit, sondern auch Postkarten, Speisekarten aus dem Flugzeug, Museumsprospekte und alles mögliche andere, was sie während ihres Aufenthalts benutzt hatte und von dem sie dachte, dass es zwei kleine Jungen erfreuen konnte. Ich erinnere mich daran, dass mich die fremdartigen Papierschnipsel noch mehr faszinierten als die Geschenke selbst – ägyptische Busfahrscheine, chinesische Prospekte aus Hongkong, Restaurantrechnungen aus der Karibik –, aber meistens setzten Gareth und ich uns nur hin und hörten ihr zu, wenn sie uns Geschichten von all diesen fernen Orten erzählte. Wir bewunderten sie und hingen an ihren Lippen, besonders wenn sie uns mit Chips versorgte und im Wohnzimmer das Licht ausmachte, um uns die Dias von ihrer letzten Expedition zu zeigen.

Als ich ein Teenager war, nahm sie mich mit auf ihre Wallace-Arnold-Busreisen durch Europa, und einmal fuhren wir nach Irland, um den Geburtsort meines Großvaters zu besuchen, den ich nie kennengelernt hatte. Gewöhnlich war ich der Jüngste im Bus, alle anderen waren etwa 50 Jahre älter als ich, und ich wirke etwas deplatziert auf den Fotos, auf denen alle am letzten Morgen der Reise vor dem Bus posieren, doch diese Erinnerungen sind mir heute lieb und teuer. Während wir stundenlang nebeneinandersaßen und durch Europa fuhren, erzählte sie mir von ihren vielen Erlebnissen, und ich war stolz, dass ich sie begleiten durfte. Sie hatte eine besondere Vorliebe für den Machu Picchu in Peru, den sie mit über 70 Jahren bestieg, nachdem sie den Río Urubamba in einem Kanu hinuntergefahren war. Sie erzählte mir, der Reiseführer habe ihr Kokablätter zum Kauen gegeben, damit sie nicht höhenkrank wurde, und sie seien so erfrischend gewesen, dass sie einige davon mitgebracht habe. Ich war entsetzt und sagte ihr, dass man aus den Blättern Kokain herstellen könne und sie hätte verhaftet werden können. Sie tätschelte mein Knie und sagte: »Du weißt doch, ich war 30 Jahre lang Krankenschwester.« Dann blickte sie aus dem Fenster und fügte lässig hinzu: »Zollbeamte durchsuchen sowieso nie die Taschen von tatterigen alten Damen.«

* * *

Auf einem dieser Ausflüge begriff ich zum ersten Mal, was das Reisen alles auslösen kann, wenn man die konventionelleren Urlaube mit ihrer einschläfernden Wirkung links liegen lässt. Rita sprach nicht nur von ihren Reisen, während wir in allen möglichen Fähren, Zügen und Bussen saßen, sie fing an, mir mehr über ihr Leben und ihre Zeit als Krankenschwester zu Beginn des Zweiten Weltkriegs zu erzählen. Außerdem hatte sie während der 1970er und 80er Jahre einen Nebenjob als Chauffeurin für zwei ihrer Freunde, die die Golfplätze und Rennbahnen in ganz England abklapperten. Sie besaßen einen riesengroßen Rolls-Royce, und meine Großmutter, die kaum über das riesige Lenkrad hinwegschauen konnte, fuhr sie überallhin, und abends fand sie sich beim Essen in glamourösen Hotels neben berühmten Jockeys und Golfern wieder.

Es ist schwer zu beschreiben, welchen Eindruck es auf mich als Kind machte, eine kleine alte Oma zu haben, die nichts dabei fand, solche Dinge zu unternehmen, obgleich ich mir gerne einrede, dass etwas von ihr sich in meiner scheinbar exzentrischen Haltung dem Leben und dem Reisen gegenüber wiederfindet. Sie sagte, ich erinnere sie an meinen Großvater, aber eigentlich wollte ich am liebsten so sein wie sie. Im Geist kann ich ihr heiteres Geplauder noch immer hören, und immer wenn ich unterwegs bin, in jedem Bus, in jedem Zug und auf jeder Fähre, schenke ich dem leeren Sitz neben mir ein Lächeln …

Epilog

Ich beendete dieses Buch an einem Montagmorgen und trabte mit einem Gefühl der Erschöpfung und der Erleichterung nach unten. Olive stand im Wohnzimmer am Fuß der Treppe und begrüßte mich. Während ich dieses Buch geschrieben habe, hat sie angefangen, sehr viel flüssiger zu sprechen. Sie stürzte sich auf mich und umarmte meine Beine, und ich beugte mich vor, um ihr einen Kuss auf den Kopf zu geben. Dann sah sie mich erwartungsvoll an und sagte: »Schuhe, Papa«, setzte sich auf den Fußboden und wackelte mit den Zehen. Ich ging um sie herum und fand ihre Stiefel schließlich unter dem Sofa. Als ich sie zugemacht hatte, stand sie auf und drehte sich zu mir um: »Losgehen, Papa.« Es war keine Frage. Sie war schon durch die Gartenpforte, bevor ich aus der Haustür trat.

Literatur

Ackroyd, Peter, *William Blake: Dichter, Maler, Visionär*, München: Knaus, 2001

Beckford, William, *Vathek*, Frankfurt a.M.: Suhrkamp, 1999

Boswell, James, *Das Leben Samuel Johnsons und Das Tagebuch einer Reise nach den Hebriden*, Leipzig: Insel, 1984

Chatwin, Bruce, *In Patagonien*, Reinbeck: rororo, 1990

Ders., *Traumpfade*, Frankfurt a.M.: Fischer, 2010

Ders., *Was mache ich hier?*, Frankfurt a.M.: Fischer, 2007

Cocker, Mark, *Loneliness and Time. The Story of British Travel Writing*, London: Secker & Warburg, 1992

Deakin, Roger, *Notes From Walnut Tree Farm*, London: Penguin, 2009

Eagleman, David, *Inkognito: Die geheimen Eigenleben unseres Gehirns*, Frankfurt a.M.: Campus, 2012

Easwaran, Eknath (Hg.), *Die Upanischaden*, München: Goldmann, 2008

Fermor, Patrick Leigh, *Words of Mercury*, London: John Murray, 2003

Forsyth, Frederick, *Der Schakal*, München: Piper, 2002

Griffiths, Jay, *Wild: An Elemental Journey*, London: Hamish Hamilton, 2006

Hammond, Claudia, *Time Warped: Unlocking the Mysteries of Time Perception*, Edinburgh: Canongate, 2012

Isaacson, Rupert, *Der Pferdejunge: Die Heilung meines Sohnes*, Frankfurt a.M.: Fischer, 2011

Keane, John, *Václav Havel. Biografie eines tragischen Helden*, München: Droemer Knaur, 2000

Kumar, Satish, *No Destination. Autobiography of an Earth Pilgrim*, Devon: Green Books, 2004

Larkin, Philip, *The Whitsun Weddings*, London: Faber & Faber, 1990

Lao-tse, *Tao-Tê-King. Das heilige Buch vom Weg und von der Tugend*, Leipzig: Reclam, 1997

Lee, Laurie, *An einem hellen Morgen ging ich fort*, München: Kindler, 1970

MacCannell, Dean, *The Tourist: A New Theory of the Leisure Class*, New York: Schocken Books, 1976

Mandelbrot, Benoît, »How Long is the Coast of Britain? Statistical Self-Similarity and Fractional Dimension«, in: *Science*, New Series, Bd. 156, Nr. 3775 (5. Mai 1967)

McGilchrist, Iain, *The Master and His Emissary. The Divided Brain and the Making of the Western World*, New Haven, Connecticut: Yale University Press, 2010

Morton, H. V., *I Saw Two Englands*, London: Methuen, 1947

Newberg, Andrew & Waldman, Mark Robert, *Der Fingerabdruck Gottes: Wie religiöse und spirituelle Erfahrungen unser Gehirn verändern*, München: Goldmann, 2012

Poe, Edgar Allan, *Sämtliche Erzählungen in vier Bänden*, Leipzig: Insel, 2008

Pollard, Justin, *Seven Ages of Britain*, London: Hodder & Stoughton, 2005

Raban, Jonathan, *Coasting*, London: Picador, 1987

Schorske, Carl E., *Wien. Geist und Gesellschaft im Fin de Siècle*, München: Piper, 1994

Sebald, W. G., *Die Ringe des Saturn*, Frankfurt a.M.: Fischer, 1997

Taylor, Jill Bolte, *Mit einem Schlag*, München: Droemer Knaur, 2010

Theroux, Paul, *Ghost Train to the Eastern Star*, London: Hamish Hamilton, 2008

Thoreau, Henry David, *Walden oder Leben in den Wäldern*, Zürich: Diogenes, 1979

Travel Writing 1700–1830: An Anthology (Oxford World's Classics), Oxford: Oxford University Press, 2008

Zeki, Semir, *Glanz und Elend des Gehirns: Neurobiologie im Spiegel von Kunst, Musik und Literatur*, München: Reinhardt, 2010

Zweig, Stefan, »Reisen oder Gereist-Werden«, in: *Die Monotonisierung der Welt*, Frankfurt a.M.: Suhrkamp, 1988

Ders., *Die Welt von Gestern. Erinnerungen eines Europäers*, Frankfurt a.M.: Fischer, 2012

Dank

Es klingt vielleicht komisch, aber dass ich die Freuden des langsamen Reisens entdecken durfte, verdanke ich vor allem meiner Flugangst. Jeder Mensch, dem ich jemals begegnet bin, hat mir gesagt, dass ich sie überwinden müsse, aber ich habe mich immer bemüht, dem Scheitern etwas Gutes abzugewinnen. Heute ist mir klar, dass es meine Fluguntauglichkeit ist, die mich gezwungen hat, darüber nachzudenken, was Reisen tatsächlich bedeutet. Ohne sie hätte ich vermutlich niemals herausgefunden, wie man überhaupt reist.

In praktischerer Hinsicht hat Helen Brocklehursts Entschlossenheit es erst möglich gemacht, ein Buch zu diesem Thema zu veröffentlichen. Seit 20 Jahren sind mir Gedanken und Ideen dazu durch den Kopf gegangen, aber erst nachdem ich mit ihr gesprochen hatte, ging mir auf, dass ich versuchen könnte, diese Ideen in einem Buch zusammenzufassen. Ich bin auch Tom Hodgkinson sehr zu Dank verpflichtet, der dieses Buch ursprünglich schreiben sollte, aber es mir überließ, weil er wusste, wie sehr mir das Thema am Herzen liegt.

Ein Buch zu schreiben, während man dabei ist, ein neues Unternehmen zu gründen, war nicht immer einfach, und es gelang mir nur dank der Unterstützung und der erhellenden Gespräche, die ich mit meinen Freunden bei Unbound führen konnte: Justin Pollard, Isobel Frankish, John Mitchinson, Xander Cansell, Caitlin Harvey und Christoph Sander. Meine Eltern waren ebenfalls sehr großzügig, was Zeit und Gespräche anging, und sie sprangen bei jeder Gelegenheit ein, um auf die Kinder aufzupassen.

Zuletzt möchte ich Rachel, Olive und Wilf danken. Letztlich ist es ihre Geduld und Unterstützung, die es mir erlaubt, das zu tun, was ich gern tue. Diesen Sommer mieten wir für eine Woche ein Haus am Strand, wo sicherlich die Sonne scheinen wird. Außerdem fahren wir für zwölf Tage nach Marrakesch, mit der Fähre und mit dem Nachtzug.

Register

Beckford, William 188 ff., 215
Benjamin, Walter 15
Bhave, Vinoba 201 f., 206
Blair, Tony 208
Blake, William 56, 215
Buckingham Palace 167 ff.
Budapest 18, 88, 96, 98 ff.
Buddha Beach Bar, Marbella 45 f., 171
Burj Al Arab, Dubai 44 f.

Cairngorms 118, 120
Carré, John le 87
Chatwin, Bruce 49, 52, 111 f., 115, 121, 136, 179, 215
Chesterton, G. K. 111
Chichester 21, 52, 54 f., 62, 64, 211
Christie, Agatha 86 f.
Chronos 60, 129, 165, 192
Churchill, Winston 105
Claridge's, London 42
Cotswolds 51
Craignure 116, 129–133, 137 ff.
Creach Bheinn 133
Cruach Choireadail 135
Cusack, John 33

Deakin, Roger 67 f., 215

Einstein, Albert 167
Èurda, Karel 105 ff.

Falknerei 113 f., 154
Fermor, Patrick Leigh 53, 215
Firth of Lorn 125
Flugangst 16, 219
Fonthill 188 ff.
Forsyth, Frederick 85 f., 215
Francesca, Piero della 195 f.
Freud, Sigmund 89, 92, 96

Gabèík, Jozef 105 f.
Gandhi, Mahatma 201 f., 206 f.
Glasgow 116 ff., 120 ff., 137
Gleann a' Chaiginn Mhoir 133
Glen More 134
Goldadler 18, 112–115, 134, 137
Goldene Meile, Marbella 40 f.
Grandin, Temple 160 f.
Green Park 167
Griffiths, Jay 177–184, 191, 215
Guarani-Kaiowá 179

Harakmbut 182
Harting Hill 66, 68, 75 f.
Havel, Václav 101 f., 105, 107 ff., 216
Hazlitt, William 14 f.
Heydrich, Reinhard 102 f., 105 f.

Hitler, Adolf 93 f., 102 ff.
Hoffmann, Josef 92
Holub, Miroslav 109 f.
Howell, James 186 f.
Hügelgräber 72 f., 131

Isaacson, Rupert, Rowan & Kristin 155–163, 171, 177, 216
Itahuania, Peru 181 f.

Johnson, Samuel 11 f., 17

Kairos 60 f., 69, 129, 139, 192
Kasachstan 114
Kavalierstour 53, 76, 186 ff., 191 f., 209
Keane, John 101 ff.
Kennedy, John F. 205 f.
Kerrera 125
King, Martin Luther 207
Klimt, Gustav 92, 94 f.
Kubiš, Jan 105 f.
Kumar, Satish 195, 200–209, 216

Lady Hamilton 76, 189 f.
Land's End 141
Larkin, Philip 50 f., 216
Laurenziberg, Prag 108 f.
Lee, Laurie 51–54, 58 ff., 62, 75, 77 f., 216
Lochbuie 133
Loch Lomond 122
Loch Scridain 137
London 15, 21, 23–26, 35, 37–40, 42, 51, 83, 89, 108, 115–118, 167–170, 186, 199, 202, 206 f.
Lowestoft 141 f.
Ludlum, Robert 87
Luxushotels 13, 19, 38, 42–48, 148, 213

Machu Picchu 212
Málaga 34, 36, 40 f., 45 f.
Mandelbrot, Benoît 143, 216
Marbella 22 f., 35, 40 ff., 45 f., 48, 171
McCaig, John Stuart 125
McGilchrist, Iain 172–177, 184 f., 191 ff., 209, 216
Morton, H. V. 62, 216
Mull 115 ff., 119 f., 125 ff., 129–139, 199

Nugent, Thomas 53

Oban 116–120, 122, 125, 129
Ocean Club Marbella 41 f., 45 f.
Odyssee, die 53, 60, 187
Olbrich, Joseph Maria 92
Operation Anthropoid 105 ff.

Paris 12, 15, 23, 25, 27–30, 35, 85 f., 93, 190, 202, 205 ff.
Petrini, Carlo 199 f.
Picadilly Circus 167
Poe, Edgar Allan 123 f., 126 f., 135 f., 188, 191, 216
Prag 31, 88, 100, 102–107, 170
Puerto Banus 41 f., 45 f.

Reiseführer 18, 53, 79–88, 92 ff., 96, 101 f., 108 f., 164, 176, 186, 188, 212
Renaissance 186, 188, 190 ff.
Russell, Bertrand 202, 206

Schiele, Egon 92, 94
Schorske, Carl E. 92 f., 216
Slow-Food-Bewegung 199
Soho 117, 167
South Downs, Devon 54 ff., 58, 62–68, 131

South Harting 54, 56, 76
Stevenson, Robert Louis 11 f., 15, 140
St. James's Park 169
St. Kyrill und Methodius, Prag 105 ff.
Széchenyi-Thermalbad, Budapest 98 ff.

Theroux, Paul 12, 38, 49, 52, 217
Thoreau, Henry David 58, 217

Uffizien, Florenz 195 ff.
Uppark House 76

Vandalian Tower 76

Warschau 37 f., 153
Wells, H. G. 76
Wien 88 f., 91–97, 207, 216
Wiener Secession 92 f., 95 f.

Yates, Chris 67

Zeki, Semir 126–129, 172, 217
Zweig, Stefan 18, 89–96, 102, 104, 108, 169, 207, 217

ROGNER & BERNHARD

»Andreas Lesti gelingt das Kunststück, uns in die Alpen zu führen, zu verführen, ohne dass er schönfärbt.«
Das Magazin

»Lesti nimmt den Leser mit auf eine humorvolle und abseitige Reise zu den Schauplätzen der Alpen auf den Spuren Goethes, Rousseaus, Mark Twains, Sherlock Holmes u.v.a.«
Deutscher Alpenverein

»›Oben ist besser als unten‹ funktioniert wie ein Dominospiel: Einmal angestoßen, führt eins zum anderen. Jedes Buch führt an einen anderen Ort, zu einem weiteren Berg, wo Andreas Lesti wieder neue Bücher unterkommen.«
Süddeutsche Zeitung

Andreas Lesti
»Oben ist besser als unten« -
Eine literarische Expedition in die Alpen
317 Seiten, 22,99 €, ISBN 978-3-95403-022-4
Gebunden mit Schutzumschlag, Leseband